한 권으로 읽는
라틴아메리카
이야기

일러두기

1. 본문에 언급된 단행본은 겹낫표(『』)를, 수록된 글·장·시편에는 홑낫표(「」)를, 노래·미술 작품에는 홑화살괄호(〈〉)를, 음반에는 겹화살괄호(《》)를 사용했습니다.
2. 일부 인명과 지명은 외래어 표기법을 따르지 않고 독자들에게 낯익은 발음으로 표기했습니다.
3. 참고한 자료의 출처 일부는 본문 뒤편 '참고문헌'에 자료의 성격에 따라 단행본, 논문, 기타로 분류했습니다.
4. 사진은 저자가 직접 촬영했으며 일부 사진의 경우 저작권법에 따라 사용 가능한 자료를 수록하고, 이 경우 번호를 달아 본문 뒤 '사진 출처'에 밝혀두었습니다.

한 권으로 읽는

라틴아메리카 이야기

전주람 지음

문화와 역사로 보는
중남미 5개국 인문기행

상상출판

간단히 살펴보는
라틴아메리카 역사

라틴아메리카라고 부르게 된 이유

아메리카는 전체 면적이 4,255만㎢로 지구 육지의 약 28퍼센트를 차지하는 거대한 대륙이다. 흔히 콜럼버스가 아메리카 대륙을 '발견'했다고 하나, 그보다 훨씬 이전부터 수많은 사람이 이 땅에서 문명을 이루며 살아가고 있었다. 콜럼버스는 유럽, 아시아, 아프리카 사람에게 아메리카 대륙을 소개하는 역할을 했을 뿐이다. 크리스토퍼 콜럼버스Christopher Columbus는 향신료 등을 얻기 위해 인도로 가는 바닷길을 찾아 항해에 나섰다. 콜럼버스는 이탈리아 출신이지만, 에스파냐('스페인'은 에스파냐 왕국 Reino de España의 영어식 명칭이다. 이 책에서는 스페인, 스페인어 대신 에스파냐, 에스파냐어를 사용한다) 왕실의 후원을 받아 항해를 할 수 있었다. 참고로 크리스토퍼 콜럼버스는 영어식 이름이다. 그의 이탈리아어식 이름은 크리스토포로 콜롬보Cristoforo Colombo이고, 에스파냐어로는 크리스토발 콜론

Cristóbal Colón이다. 긴 항해 끝에 콜럼버스 일행은 바하마 제도의 한 섬에 상륙했다. 그가 찾던 인도는 아니었지만, 콜럼버스는 자신이 인도에 도착했다고 믿었다.

이후 아메리고 베스푸치Amerigo Vespucci라는 이탈리아 출신의 항해가가 남아메리카의 북부 지역을 여행하고 이 지역은 인도가 아니며, 이전에 알지 못했던 새로운 땅일 수 있다고 생각했다. 베스푸치는 자신의 경험을 담은 『신대륙Mundus Novus』이라는 여행기를 펴냈다. '아메리카America'라는 이름은 1507년 지도 제작자인 독일인 마르틴 발트제뮐러Martin Waldseemüller의 『우주지 입문Cosmographiae Introductio』에서 처음 등장했다. 그는 아메리카 대륙을 포함한 새로운 세계 지도를 그리고, 콜럼버스가 도착한 곳이 전에 알지 못했던 땅이라는 것을 밝혀낸 아메리고 베스푸치를 기념해 신대륙을 아메리카라고 부를 것을 제안했다. 즉 아메리카는 아메리고의 라틴어명인 '아메리쿠스Americus'에서 비롯한 것이다. 그런데 왜 아메리코가 아닌 아메리카라고 불렀을까? 당시 모든 대륙의 명칭이 유럽Europa, 아시아Asia, 아프리카Africa와 같이 '-a'로 끝나는 여성형이었기 때문이다. 그렇게 세계 지도에 아메리카가 등장하게 됐다.

아메리카 대륙을 지리적으로 북아메리카, 중앙아메리카, 남아메리카로 나눠볼 수 있다. 북아메리카는 미국과 캐나다를 포함하고, 그 아래를 중앙아메리카라고 한다. 북아메리카와 중앙아메리카의 경계선은 오늘날 멕시코 남부의 테우안테펙 지협이다. 따라서 멕시코의 영토는 대부분 북아메리카에 포함된다. 중앙아메리카는 테우안테펙 지협과 파나마 지협 사이에 있는 좁은 지역을 가리킨다. 과테말라, 온두라스, 엘살바도르, 니카라과, 코스타리카, 파나마, 벨리즈 7개국이 중앙아메리카에 속한다.

| ● 북아메리카 | ● 서인도 제도 |
| ● 중앙아메리카 | ● 남아메리카 |

아메리카의 지리적 구분

한 권으로 읽는 라틴아메리카 이야기

그 옆으로 카리브해의 섬 무리를 서인도 제도라고 한다. 인도와 멀리 떨어져 있는데도 서인도라는 이름이 붙은 이유는 콜럼버스가 자신이 도착한 땅을 인도라고 생각해 '서인도'라고 부른 데서 기원한다. 남아메리카는 파나마 지협 남쪽의 모든 나라를 포함한다. 중앙 및 남부 아메리카를 흔히 중남미라고 한다.

한편 아메리카 대륙은 역사와 문화를 기준으로 앵글로아메리카와 라틴아메리카로 구분할 수 있다. 미국, 캐나다 등은 게르만족의 일파인 앵글로색슨족의 문화를 전달받아 영어를 공용어로 사용하며 개신교 신자가 많은 편이다. 그래서 이 지역을 앵글로아메리카라고 한다. 반면 중남미와 멕시코는 에스파냐와 포르투갈 등 라틴족 문화의 영향을 받아 에스파냐어 또는 포르투갈어를 공용어로 사용하며 가톨릭 신자가 많다. 그래서 이 지역을 라틴아메리카라고 한다.

멕시코는 지리적으로 북아메리카에 속하지만 중남미 국가와 문화역사적 특성을 공유한다. 우리나라에서도 종종 라틴아메리카와 중남미라는 표현을 동일한 의미로 사용하곤 한다. 그러니 중남미 여행 책자에 멕시코가 포함돼도 당황하지 말자.

아메리카는 발견된 것이 아니다

1492년 콜럼버스가 도착하기 이전부터 아메리카에는 사람들이 문명을 이루며 살고 있었다. 아메리카에 도착한 유럽인이 깜짝 놀랄 정도로 원주민 인구와 도시의 규모가 컸다고 한다.

그렇다면 오래전부터 아메리카에 살았던 원주민의 기원은 무엇일까? 여러 학설이 있지만, 가장 유력하게 인정받는 것은 베링 해협 유입설이다. 베링 해협은 유라시아 대륙 동쪽 끝의 시베리아와 북아메리카 대륙

서쪽 끝 알래스카 사이에 있는 해협을 말한다. 이 학설에서는 마지막 빙하기가 끝날 무렵 베링 해협을 통해 아메리카 대륙으로 넘어온 몽골계 인종이 아메리카 원주민의 기원이라고 주장한다. 아메리카 원주민이 아시아 사람처럼 검은 머리카락과 눈동자, 황색 피부, 옆으로 긴 눈, 몽골반점 등을 갖고 있다는 사실이 이 학설을 뒷받침한다.

그 외에도 동아시아 말레이 제도나 뉴질랜드 등에 거주하던 폴리네시아인이 쪽배를 타고 태평양을 건너 중앙아메리카로 유입했다는 학설이나, 아프리카나 이집트의 일부 부족이 대서양을 건너 아메리카 대륙에 도착했다는 학설 등도 있다.

그 배경이 어떻든 간에, 콜럼버스의 도착 이전부터 아메리카 대륙에 많은 사람이 살고 있었던 것은 분명하다. 그냥 살기만 한 것이 아니라 고도로 발달한 문명을 이뤘다. 그 유명한 아스테카, 마야, 잉카 등의 문명은 오늘날에도 놀랄 만한 지식과 기술을 보유하고 있었다. 그런데 1492년 콜럼버스가 도착한 이후 1521년 에르난 코르테스Hernán Cortés가 아스테카 제국을, 1533년 프란시스코 피사로Francisco Pizarro가 잉카 제국을 각각 점령했다. 유럽인에 의해 다른 세계에 '소개된' 아메리카의 원주민은 엄청난 변화를 경험하게 된다.

서로의 존재를 알게 된 구대륙과 신대륙 사이에서 사람들은 물론 동물과 식물, 사상, 질병 간의 광범위한 이동이 일어났는데 이를 '콜럼버스의 교환Intercambio colombino'이라고 한다. 이는 대표적으로 세계 곳곳의 음식 발전에 크게 영향을 미쳤다. 유럽·아시아·아프리카 사람은 감자, 고구마, 옥수수, 토마토, 고추, 카카오, 땅콩, 파인애플 등 아메리카 작물을 접할 수 있었다. 한편 아메리카에는 설탕, 커피 등의 작물과 닭, 말, 소, 돼지,

한 권으로 읽는 라틴아메리카 이야기

양과 같은 다양한 가축이 유입됐다. 얼핏 유익해 보이는 이 대규모 교환은 사실 결코 평화로운 방법으로 이루어지지 않았다. 구대륙의 전염병이 아메리카에 전파돼 수많은 원주민들이 목숨을 잃었다. 아메리카로 설탕, 커피 등이 유입되면서 아메리카 원주민은 대규모 작물 생산을 위해 노동력을 착취당해야 했다.

에스파냐는 식민지를 어떻게 지배했을까

콜럼버스가 항해를 떠난 1492년은 에스파냐에 매우 의미 있는 해였다. 711년 이슬람 세력이 이베리아반도를 정복한 이후 가톨릭 세력은 약 800년 동안 이슬람 세력에 맞서 싸웠다. 그리고 1492년 에스파냐인은 비로소 이베리아반도에서 이슬람 세력을 완전히 몰아낼 수 있었다. 이로써 에스파냐 국왕은 통제권을 강화할 수 있었고, 가톨릭 귀족은 이슬람 세력이 차지했던 영토를 얻었다. 에스파냐 국왕은 에스파냐 본토뿐 아니라 먼 곳의 식민지에서도 통제를 강화하고자 했다. 에스파냐와 아메리카 간의 무역을 왕실이 독점했고, 아메리카에서 들어오는 금과 은을 수취하는 권한도 가졌다.

1. 정치적으로

에스파냐는 중앙 집권적 통치를 위해 본국에서 활용했던 기구를 아메리카로 이식했고, 부왕령 제도를 실시했다. 부왕은 왕의 분신으로 자신의 영역에서 행정적, 군사적 최고 권한을 갖고 있었다. 물론 부왕 역시 왕의 신하였기에 행동에는 제약이 있었다. 식민지 기간 동안 필요에 따라 총 네 개의 부왕령이 설치됐다. 1535년 멕시코시티에 설치된 누에바 에스파냐Nueva España 부왕령은 파나마 지협 북부의 에스파냐 영토를 모두 포함했다. 1542년에는 리마를 수도로 하는 페루Perú 부왕령이 설치돼 파나마 이남 지역(베네수엘라 해안 지역 제외)을 관장했다. 이후 식민 정복지가 확장되면서 페루 부왕령이 세분화됐다. 1717년에 설치된 누에바 그라나다Nueva Granada 부왕령은 산타페 데 보고타(오늘날의 보고타)를 수도로 하고 현재의 베네수엘라, 콜롬비아, 파나마, 에콰도르, 가이아나 등을 포함했다. 1776년에는 현재의 아르헨티나, 파라과이, 우루과이, 볼리비아 등을 아우르는 리오 델 라 플라타Río de la Plata 부왕령이 설치됐다. 수도는 부에노스아이레스였다.

2. 경제적으로

목숨을 걸고 항해해 아메리카에 도착한 사람들은 에스파냐의 하급 귀족 또는 일반인이었다. 그들의 목적은 아메리카에서의 정복 활동을 통해 부를 축적하고, 본국에 금의환향하는 것이었다. 아메리카에 정착해서 살 생각이 없었기 때문에 아메리카의 장기적 발전에는 관심이 없었다. 모든 수단을 동원해 돈이 될 만한 것을 모아야 했다.

그리하여 초기 식민지 경제는 광산 개발에 집중됐다. 16세기 중반 알토 페루(오늘날의 볼리비아)의 포토시, 멕시코의 사카테카스 등에서 대규모의 은광이 발견됐다. 식민기 동안 세계 은의 약 85퍼센트가 페루, 멕시코 등 아메리카에서 생산됐다고 한다. 도시는 자연스럽게 광산 경제를 중심으로 발전했다. 포토시, 사카테카스는 그 자체로 광산 도시였고 쿠바의 아바나, 페루의 리마, 아르헨티나의 부에노스아이레스 등은 광산에 물자를 대거나 은을 운송하면서 발전했다.

17세기 중반이 되자 안데스 지역의 은 생산량은 급격히 하락했다. 정복자가 부를 축적하기 위해 새롭게 찾아낸 것은 플랜테이션이었다. 당시 유럽에서 인기를 누리던 작물이 아메리카에서 대규모로 재배되기 시작했다. 대규모 생산을 위해서는 더 많은 노동력이 필요했고, 유럽인은 아프리카에서 흑인 노예를 데려왔다. 유럽인이 전파한 전염병과 극심한 노동 착취로 인해 원주민이 몰살되면서 아메리카 원주민만으로는 필요한 노동력을 확보할 수 없었던 것이다.

에스파냐는 16세기 은 광산을 통해, 17세기에는 상업 농산물을 재배함으로써 아메리카의 부를 본국으로 가져갔다. 그뿐만 아니라 유럽에서 생산한 물건을 아메리카에 판매하기 위해 식민지에서 원자재 생산 이외의 경제 활동을 금지했으며, 에스파냐 국민에게만 무역을 할 수 있는 권리를 주었다. 또한 소수의 사람이 거대한 땅을 차지하는 라티푼디아Latifundia를 통해 땅도 독점했다.

아메리카의 부는 에스파냐에도 큰 기회였다. 그러나 식민지의 부를 독점하는 데 모든 에너지를 사용한 에스파냐는 결국 자본주의 발전에서 다른 유럽 국가에 비해 점차 뒤처지게 됐다.

식민지 시대에 라틴아메리카 경제는 1차 산품 생산을 중심으로 형성돼 있었다. 그런데 18세기가 되자 라틴아메리카의 농산물에 대한 해외의 수요가 감소하기 시작했다. 힘을 잃은 에스파냐는 라틴아메리카의 농산물을 충분히 구매할 수 없었고, 영국과 프랑스도 자국의 식민지에서 필요한 농산물을 수입했다. 1차 산품 수출이 어려워지자, 라틴아메리카 경제는 자급자족적인 봉건적 아시엔다Hacienda 경제로 전환했다. 정복자들은 대규모 농장을 만들어 원주민을 거기에 예속시켰다. 농장주는 아시엔다에서 절대 권력을 가졌으며, 원주민에게 노동과 충성을 요구했다. 아시엔다 내에서는 곡물과 가축, 기본적인 제조품 등을 스스로 충당할 수 있었다. 이렇게 18세기 무렵 라틴아메리카의 경제는 1차 산물을 수출하기보다 아시엔다를 중심으로 돌아갔고, 이는 라틴아메리카 국가들이 독립을 이룬 후에도 얼마간 지속됐다.

3. 종교적으로

에스파냐는 아메리카에 가톨릭을 전파했다. 유럽인은 원주민에게 자신들의 신과 신앙을 알려주고자 했다. 정복의 궁극적 목적은 '부'를 얻는 것이었겠지만, 종교적인 이유로 잔인한 정복 활동을 정당화하기도 했다. 성직자 중에서는 부를 좇으면서 에스파냐 정복자의 이익을 대변하는 이들이 있었다. 그러나 다행히도 착취당하는 원주민을 보호하고, 정복자의 야만스러운 행위를 고발하면서 복음 전파에만 힘쓰는 성직자들도 있었다. 전도는 종종 원주민의 신앙과 가톨릭 신앙을 혼합하는 방식으로 이루어지기도 했다. 그래서 라틴아메리카 가톨릭에는 다양한 모습의 종교 혼합주의가 나타난다.

4. 사회적으로

라틴아메리카 식민지 사회는 인종에 따른 구조로 구성돼 있었다. 원주민의 터전이었던 아메리카에 백인과 흑인이 유입되면서 점차 인종 간 혼혈이 이루어졌다. 사회 구조의 정점은 대부분 백인이 차지했고 혼혈인, 원주민, 흑인 순으로 서열을 이루었다. 여기서 흥미로운 점은 백인 사이에서도 출생지에 따른 차별이 있었다는 것이다. 아메리카에서 태어난 백인을 크리오요Criollo라고 하고, 유럽에서 태어난 백인을 페닌술라르Peninsular라고 한다. 크리오요는 아메리카에서 나고 자랐기에 이 땅에 대해 페닌술라르보다 더 잘 알고 있었다. 그럼에도 크리오요는 고위 성직이나 공직에 오르는 데 어려움이 있었다. 식민지의 행정 및 교회의 중요한 직책은 페닌술라르가 지배했다. 에스파냐 정부는 유럽 태생의 페닌술라르가 본국에 더 큰 충성심을 가졌을 것이라고 생각했기 때문이다. 이러한 차별은 라틴아메리카의 독립에도 중요한 영향을 미친다.

라틴아메리카 국가의 동시다발적인 독립

약 300년 동안 식민 지배를 받았던 라틴아메리카의 여러 지역은 1800년대 초반에 동시다발적으로 독립을 이룬다. 지금처럼 SNS가 있는 것도 아니고, 전화기조차 없었던 때 넓은 땅에서 동시에 독립의 물결이 일어났다는 것은 정말 놀라운 일이다. 어떻게 이런 일이 가능했을까?

라틴아메리카의 독립 전쟁은 아메리카에서 태어난 크리오요가 주도했다. 식민 지배가 지속되면서 점차 크리오요의 수는 증가했고, 1810년경에는 페닌술라르보다 훨씬 많아졌다. 크리오요 엘리트층은 상당한 부를 축적했으며 아메리카에 대한 지식 또한 풍부했지만 이베리아반도 출신의 페닌술라르에 비해 차별을 받고 있었다. 한편 19세기 유럽과 신대륙에서 끊임없이 전쟁을 치르던 에스파냐는 재정을 확보하기 위해 식민지에서 세금을 더 걷으려 했다. 크리오요는 고위직과 상업 활동에서 소외된 것도 억울한데 세금까지 더 많이 내야 하는 상황에 직면했다.

이러한 상황에서 유럽과 미국에서 나타난 변화와 사건이 크리오요에게 영향을 미쳤다. 17세기 이후 유럽에서는 계몽주의가 유행하고 있었다. 크리오요는 계몽주의의 주권재민, 인권, 국가의 독립과 같은 개념을 흡수했고, 다양한 서적을 읽으면서 유럽의 진보적 사상에 익숙해졌다. 1776년에는 영국의 식민지였던 미국이 독립을 선언했다. 에스파냐령 아메리카 항구에 점점 더 많은 미국 선박이 합법적 또는 불법적으로 입항하면서 이 배들을 통해 미국의 독립운동 지도자들이 쓴 책자가 아메리카에 유입됐다. 독립 전쟁이 벌어지게 된 가장 결정적인 사건은 나폴레옹이 1808년 에스파냐를 침공하고 자신의 형인 조제프 보나파르트Joseph-Napoléon Bonaparte를 에스파냐와 신대륙의 왕으로 임명한 것이다. 아메리카인의 입장에서는 자신들을 지배하던 군주가 없어진 사건이었다. 불만이 쌓여 있던 크리오요는 이 상황을 적극적으로 이용하기로 했다. 그렇

아르헨티나 부에노스아이레스 대성당의 산 마르틴 무덤. 산 마르틴이 해방한 아르헨티나, 칠레, 페루를 상징하는 여인상 세 개가 시신이 안치된 석관을 에워싸고 있다.

게 에스파냐령 아메리카의 독립 전쟁이 시작됐다.

에스파냐령 아메리카의 독립 전쟁은 세 지역을 중심으로, 즉 남아메리카의 남쪽과 북쪽 그리고 멕시코에서 각각 벌어졌다. 남쪽 전쟁은 호세 데 산 마르틴José de San Martín이 이끌었는데, 아르헨티나에서 시작해서 북쪽으로 올라가는 방식으로 진행됐다. 북쪽에서는 시몬 볼리바르Simón Bolívar를 중심으로 베네수엘라에서 시작해서 남쪽으로 내려가는 전쟁이

한 권으로 읽는 라틴아메리카 이야기

전개되고 있었다. 산 마르틴은 리오 델 라 플라타 지역의 독립을 이루었고, 시몬 볼리바르는 누에바 그라나다 지역을 독립시켰다. 칠레의 독립을 이룬 산 마르틴은 페루 리마를 공격하는 데 성공하고 페루의 독립을 선포했다. 그러나 페루 부왕군의 거센 저항으로 일부 지역만 장악할 수 있었다. 1822년 7월 볼리바르와 산 마르틴은 에콰도르의 과야킬에서 회담을 가졌고, 이후 볼리바르가 페루의 독립을 완수했다.

멕시코의 독립 전쟁은 크리오요보다는 주변부 엘리트 즉 식료품상, 농장 경영자, 교구 사제 등을 중심으로 추진됐다. 돌로레스의 사제였던 미겔 이달고Miguel Hidalgo가 1810년 9월 16일 일요일 미사에 참여한 교구민에게 에스파냐로부터의 독립운동에 동참할 것을 요청했다. 이때의 강론을 '돌로레스의 절규'라고 한다. 이달고 신부는 주로 원주민 또는 메스티소Mestizo(혼혈인종)로 구성된 지지자들과 함께 에스파냐 식민 통치 체제에 반기를 들었다. 이달고의 군대는 여러 도시를 해방했으나 결국 에스파냐군에 패배하면서 이달고 신부의 독립운동도 실패로 끝났다. 그러나 멕시코에서는 이 움직임을 기리기 위해 9월 16일을 독립기념일로 제정해 기념하고 있다.

이후 호세 마리아 모렐로스 신부가 독립운동을 이어갔으나, 그 역시 에스파냐군에 굴복해야 했다. 1814년 에스파냐의 왕정이 복구되자 아메리카 독립운동에 대한 탄압이 강화됐다. 한편, 독립 전쟁에 소극적이었던 크리오요 또한 독립 의지를 품었다. 계속되는 전쟁과 에스파냐에서 진행된 급진적 개혁 등으로 인해 자신들의 이익이 위협받게 됐기 때문이다. 이제 크리오요 출신 장교인 아구스틴 데 이투르비데Agustín de Iturbide가 독립운동을 이끌었다. 결국 이투르비데는 1821년 9월 28일 멕시코의 독립을 선포했고, 1822년 멕시코 황제 아구스틴Agustín 1세로 즉위했다.

독립 이후 라틴아메리카에 벌어진 일

라틴아메리카는 치열한 전쟁을 통해 300년간의 식민 지배에서 독립을 이루었다. 이 독립은 백인 크리오요를 중심으로 이룬 것이었기 때문에 독립 이후의 경제 역시 크리오요 엘리트를 중심으로 형성됐다. 결국 대중의 입장에서는 식민지 시대와 크게 달라진 것이 없었다.

독립 지도자의 기대 또한 한동안 실현되지 못했다. 독립 지도자는 에스파냐의 독점이 끝나 대외 무역이 확대되면 경제를 회복할 것이라고 생각했다. 그러나 독립 이후의 정치적 혼란기로 인해 라틴아메리카 정치와 경제는 더욱 힘들어졌다.

독립 이후 라틴아메리카 각국의 정치는 독립 전쟁에서 싸웠던 지방 무장 세력의 우두머리인 카우디요Caudillo가 장악했다. 카우디요의 권력 투쟁으로 여러 정부가 무너지고 다시 수립되기를 반복했다. 정치적으로 불안정한 상태에서 식민지 시대에 소수에게 집중됐던 토지와 수입의 재분배도 이뤄지지 못했다. 외국인은 불안한 국가에 투자하려 하지 않았다. 주요 수출품이었던 1차 산품에 대한 국제적 수요가 적어 수출 또한 어려운 상황이었다.

19세기 중반이 되자 국제 시장에도 변화가 나타나기 시작했다. 영국, 프랑스, 미국, 독일, 일본 등 여러 국가에서 산업화가 진행됐고, 세계 자본주의가 호황을 맞았다. 증기 기관의 발달에 따라 세계 교역 또한 활발해졌다. 라틴아메리카의 1차 산품 수요도 다시 증가했고 무역이 활성화되며 유럽 자본이 라틴아메리카에 유입됐다. 1차 산품 수출량이 증가하

'돌로레스의 절규'가 선포된 성당과 미겔 이달고 동상

면서 라틴아메리카 국가는 1870년부터 1914년까지 황금시대Edad de Oro
를 보냈다.

라틴아메리카 국가는 1차 산품 수출 경제를 더욱 강화해 나갔는
데, 특히 한두 가지 수출품에 의존하는 단일 작물 수출 경제 '모노컬처
Monoculture'가 대세를 이루었다. 이와 같이 라틴아메리카는 독립을 이루
었지만, 여전히 1차 산품 수출에 의존하는 경제를 형성했으며 많은 나라
에서 단 한두 가지의 1차 산품이 국가의 경제를 결정했다. 그리고 영국,
미국과 같은 국가에 대한 의존도가 높아졌는데, 이와 같은 새로운 종속
현상을 '신식민주의'라고 일컫기도 한다.

이렇듯 1차 산품 수출에 의존하는 경제는 외부 요인에 매우 취약하다
는 단점이 있었다. 1차 산품을 대체할 새로운 소재가 발견되거나 서구 경
제의 흐름에 변화가 생기면 국가 전체가 큰 타격을 받을 수 있기 때문이
다. 라틴아메리카 경제는 제1차 세계대전과 1929년 대공황을 겪으면서
위기를 경험했다. 세계 시장에 혼란이 생기자 1차 산품 수요가 줄어 라틴
아메리카의 상품 수출이 감소했고, 한편으로는 필수적인 공산품 수입이
어려워졌다. 이에 라틴아메리카 국가는 1차 산품 수출에만 의존할 것이
아니라 공산품을 직접 생산해야 할 필요성을 느끼게 된다.

라틴아메리카에서 추진한 것은 '수입 대체 산업화'다. 그동안 수입해
서 쓰던 공산품을 국내에서 생산해 사용하기 위한 자급자족적 산업화였
다. 이를 추진하기 위해서는 우선 1차 산품 수출을 지속해야 했다. 왜냐
하면 수출을 통해 벌어들인 수익으로 국내 수요를 창출하고, 필요한 자
본재도 수입해야 했기 때문이다. 따라서 1차 산품 수출이 활발했던 1940
년대에서 1960년대 초까지는 수입 대체 산업화가 순조롭게 이루어졌다.

그러나 제2차 세계대전 이후 전후 복구에 따른 경제 붐이 끝나자 1차 산품 수요가 감소했고, 라틴아메리카의 경제는 다시 어려움에 직면했다.

수출을 통한 수익이 감소하자 예산 적자가 커졌다. 라틴아메리카 국가는 1970년대 오일 쇼크 이후 생성된 오일 달러를 저렴하게 유입할 수 있었다. 즉 외국 자본을 통해 부족한 재원을 충당한 것이다. 그런데 미국 등에서 경제 회복을 위해 금리를 인상하기 시작하자 라틴아메리카 국가는 외채 이자를 제대로 지급할 수 없었다. 결국 라틴아메리카 국가 대부분이 1980년대에 외채 위기에 빠져들었고, '잃어버린 10년'이라 일컫는 매우 힘든 시기를 보내야 했다. 그렇게 라틴아메리카의 수입 대체 산업화 모델이 막을 내리게 된다.

위기에서 탈출하기 위해 라틴아메리카 국가는 미국에서 제안한 '신자유주의' 경제 정책을 추진하게 된다. 수입 대체 산업화 기간 동안 확대됐던 국가의 역할을 축소하고, 자유방임주의를 회복하고자 한 것이다. 이전에는 국가가 중심이 돼 사회적 안전을 확충하고자 했다면, 이제는 외국 자본을 유입하기 위한 신뢰 회복이 중요해졌다. 정부는 사회 보장 프로그램 축소 등을 통해 지출을 줄였고, 관세 및 비관세 장벽을 철폐하고 시장을 개방했다. 또 거의 모든 산업 부문에서 대대적으로 민영화를 추진했다. 한때 강력한 보호주의 정책을 폈던 라틴아메리카 국가가 단시간에 매우 개방적인 국가로 전환된 것이다.

신자유주의 정책을 통해 라틴아메리카 국가는 전반적으로 경제 안정을 회복할 수 있었다. 그러나 그 이면에는 불평등의 심화와 빈곤이라는 문제가 있었다. 무역 개방으로 국제 경쟁이 심화되자 수많은 국내 기업이 경쟁에서 이기지 못하고 문을 닫았다. 수출을 통한 이익은 다국적 기업과 국내 대기업에 집중됐다. 민영화 실현으로 노동 시장에서 공공 부문의 중요성이 감소했다. 효율성을 끌어올리기 위해 기업은 임금을 삭감했고, 신규 일자리를 거의 창출하지 않았다.

빈곤과 불평등의 문제에 직면한 라틴아메리카 시민은 1990년대 말부터 좌파 정부에 지지를 보내기 시작했고, 라틴아메리카 각국에서 좌파가 부상하기 시작했다. 그리고 라틴아메리카 시민은 실용적인 판단에 의해 때로는 우파에게, 때로는 좌파에게 지지를 보내고 있다.

지금까지 라틴아메리카 역사의 큰 흐름을 간단하게 살펴보았다. 이 흐름이 모든 경우에 적용되는 것은 아니지만, 이후 펼쳐질 개별 국가의 이야기를 이해하는 데 도움이 될 것이다. 지금부터는 개별 국가의 이야기를 살펴보자.

1장

멕시코
México

멕시코에 피라미드가
왜 이렇게 많은 것일까?

피라미드 하면 삼각뿔 모양의 이집트 피라미드를 떠올리는 사람이 많을 것이다. 그런데 사실 멕시코에도 피라미드가 굉장히 많다. 이는 오래 전부터 멕시코 지역에 거주하며 문명을 이룬 원주민이 남긴 흔적이다. 멕시코를 포함한 중앙아메리카 일대에서 발전한 문명을 '메소아메리카 문명'이라고 한다. 메소Meso는 그리스어로 '중간' 또는 '중앙'이라는 뜻이다. 메소아메리카 지역 중에서도 멕시코만을 중심으로 하는 정글 및 해안 지역과 멕시코 고원 분지 지역에서 문명이 발달했다. 대표적인 문명을 간단히 살펴보자.

올메카(Olmeca)

메소아메리카 최초의 문명은 기원전 1500년을 전후해 멕시코만 남부에서 발전한 올메카 문명이다. 원주민 언어인 나우아틀어로 올메카는

올메카의 거대한 두상**1**

'고무가 나는 곳에 사는 사람들'을 뜻한다. 올메카 사람은 산 로렌소, 라벤타, 트레스 사포테스와 같은 멕시코만의 해안과 인근 정글 지역에 주로 거주했다. 이 지역은 강수량이 많고 홍수가 자주 발생해 농사를 짓기에는 어려움이 있었다. 대신 올메카 사람은 무역으로 필요한 물품을 다른 지역에서 가져오고, 자신들의 생산물을 다른 지역에 판매하는 방식을 택했다. 이러한 교류를 통해 자신들의 종교도 다른 민족에게 전파할 수 있었다. 수학, 상형 문자, 천문학, 역법, 종교, 건축, 조형 예술 등이 발달했던 올메카 문명은 메소아메리카의 어머니 문명으로, 이후 등장하는 여러 문명에 큰 영향을 끼쳤다.

올메카 유적지에서 여러 개의 석조 두상이 발견됐다. 하나의 무게가

올메카 테킬라의 로고

약 25톤에 달하고, 가장 긴 것은 3m에 이르는 거대한 조각상인데, 자세히 살펴보면 쌍꺼풀이 짙고 코가 넓으며 입술이 두꺼운 것이 어쩐지 흑인과 비슷하다. 이 두상은 아메리카 원주민이 아시아뿐 아니라 다른 지역에서도 이주해 왔을 가능성을 뒷받침해 준다. 물론 이와 같은 모습의 원주민이 원래부터 아메리카에 살고 있었을 가능성도 배제할 수 없다(최명호, 2010).

멕시코의 테킬라 브랜드 중에도 '올메카'라는 것이 있다. 테킬라는 멕시코의 대표적인 술로, 이 브랜드의 콘셉트는 멕시코에 존재했던 최초의 메소아메리카 문명인 올메카에서 영감을 받았다고 한다. 올메카 테킬라의 로고에서 올메카의 대표적 예술 작품인 이 석조 두상을 볼 수 있다.

테오티우아칸(Teotihuacán)

멕시코 고원 분지에서 발달한 도시 테오티우아칸은 1~7세기에 존재했던 것으로 알려진다. 면적이 약 21㎢에 달했고, 5~6세기에는 10만에서 20만 명이 살았을 정도로 번성했다. 당시 아메리카에서 가장 큰 도시였는데, 유럽에서도 콘스탄티노폴리스를 제외하고는 인구 2만 명을 넘는 도시가 없었다고 하니 테오티우아칸의 규모를 짐작해 볼 수 있다.

테오티우아칸은 현재 멕시코의 수도인 멕시코시티에서 50km 정도 떨어진 곳에 위치해 있었다. 주변에 텍스코코호 등 호수가 있고 지하수와 하천도 발달해서 농업을 기반으로 한 경제를 이루었으며, 주로 옥수수나 콩 같은 작물을 재배했다. 또한 여러 부족이나 도시와 활발히 교류하던 무역 중심지였다. 도시 인근에 흑요석 원산지가 있어서 흑요석 채굴과 유통 또한 도시의 정치 및 경제 발전에 기여했다. 무역을 통해 멕시코 중앙 고원에서 생산되는 흑요석과 도자기류 등을 각 지역으로 전파하곤 했다.

테오티우아칸은 종교의 중심지이기도 했다. 다신교적 종교관을 갖고 있었지만, 그중에서도 가장 중요한 숭배의 대상은 케찰코아틀Quetzalcóatl이었다. 케찰코아틀은 '깃털 달린 뱀'으로, 땅 위를 기는 뱀과 하늘을 나는 새의 능력을 모두 가진 전지전능한 신이다. 메소아메리카 지역에서는 비 혹은 물과 관련된 신, 즉 농업을 관장하는 신으로 여겨진다.

테오티우아칸은 수도 인근에 있어 관광지로도 인기가 많은 도시 유적이다. 이 도시는 계획에 입각해 건설돼 건물의 방위나 위치를 통해 이들의 천문학적 지식을 확인할 수 있다. 도시 중앙을 남북으로 가로지르는 '죽은 자의 거리'를 중심으로 총 600여 개에 달하는 신전과 피라미드가 세워졌고 2,000개 이상의 거주지와 궁전, 거대한 시장이 형성됐던 것으로 보인다. 처음 유적지에 들어선 순간 마주한 넓고 긴 도로, 한눈에 들어오지도 않을 정도로 수많은 건축물과 파란 하늘이 만들어 낸 묵직한 분위기는 시간이 흘러도 잊히지 않는다.

여러 건축물 중 가장 큰 것은 '태양의 피라미드Pirámide del Sol'다. 단일 규모로 세계에서 세 번째로 큰 이 피라미드는 높이 65m, 한 면의 길이가 약 223m에 달하는데, 연간 1만 명을 동원해 20년에 걸쳐 완성했다고 한다. 대로의 북쪽 끝에는 테오티우아칸에서 두 번째로 큰 건축물인 '달의 피라미드Pirámide de la Luna'가 있고, 남쪽에는 세 번째로 큰 건축물인 '케찰코아틀 신전Templo de Quetzalcóatl'이 있다. 그 밖에 종교 행사를 위해 지어진 많은 건물이 지금도 존재한다.

큰 도시 문명을 이루었던 테오티우아칸은 650~750년에 접어들면서 붕괴하기 시작했다. 쇠퇴의 원인에 대해서는 다양한 주장이 존재한다. 신전과 피라미드를 비롯한 건축물이 파괴된 흔적이 있는데, 이것이 내부 반란에 의한 것이라는 의견과 외부 침략 때문이라는 주장이 대립하고 있다. 또한 가뭄으로 인해 농업 경제를 이루었던 테오티우아칸의 농업 생산력이 저하된 것도 도시가 붕괴된 원인이었을 수 있다.

테오티우아칸 유적지에 있는 태양의 피라미드

한 권으로 읽는 라틴아메리카 이야기

무역의 중심지이자 멕시코 고원 지대 문명의 종교적 중심지였던 테오티우아칸은 멸망 이후에도 메소아메리카에서 가장 신성한 곳으로 여겨졌다. 테오티우아칸이라는 이름은 '신들의 도시, 신이 된 인간의 도시'라는 의미를 갖고 있다. 이후 멕시코 고원 지역에서 문명을 이룬 아스테카인은 테오티우아칸의 웅장한 유적을 보고 인간이 아닌 신이 지은 도시라고 생각해 이와 같은 이름을 붙이고 숭배했다.

이처럼 테오티우아칸은 멕시코 고원 분지에서 발달한 후대 문명에 영향을 주었으며, 그 영향은 유카탄반도와 중앙아메리카에서 발전한 마야 문명에까지 다양하게 미쳤다.

마야(Maya)

마야 문명은 에스파냐인이 아메리카에 도착할 때까지 존속했던 문명이다. 그러나 최후까지 함께 남아 있던 문명인 아스테카나 잉카보다 훨씬 앞서 발전했다. 마야인은 대략 기원전 3000년경부터 중앙아메리카 고산과 정글 지역에 거주했던 것으로 추정되며, 기원전 약 150년부터는 도시 국가적 형태를 갖춘 것으로 보인다. 9세기경에는 약 70개 이상의 도시 국가가 세워졌다. 다만 하나의 강력한 국가가 다른 여러 국가를 복속시킨 형태인 제국으로는 발전하지 못했다. 마야인은 통일된 하나의 언어를 사용하지도 않았다. 약 4,000년 전에 마야어의 모어母語인 '프로토마야어Protomayense'가 성립됐고, 지역 및 문화 교류에 따라 약 31개에 이르는 별개의 언어가 발전했다. 즉 각각의 도시 국가는 행정적으로 독립적이고 언어 체계도 다양했지만, 문화·경제적으로는 하나의 공동체를 이루며 연합하는 형태로 발전했다. 또한 그들의 종교, 예술, 행정 조직, 통치 방식 등 역시 유사한 특성을 가졌던 것으로 보인다.

마야 문명은 멕시코 유카탄반도 일대와 중앙아메리카의 과테말라, 벨리즈, 온두라스, 엘살바도르 등의 지역을 중심으로 발전했다. 그 기원도 명확하지 않고 역사의 시기 구분 또한 학자마다 차이를 보이지만, 마야의 역사는 중심 지역, 발전 정도, 시대 등을 기준으로 세 단계로 나누어 볼 수 있다. 먼저, 기원전 3000년부터 기원후 250년까지는 마야의 전성기 이전 시기다. 이때는 마야인이 과테말라의 태평양 연안 고산 지대를 중심으로 농사를 지으면서 문화를 형성해 나갔다. 250년부터 900년까지는 고전기(전성기)로 과테말라의 페텐 지역을 중심으로 발전하면서 약 70여 개의 도시를 건설했다. 전성기 최정점이었던 7세기 후반에는 과테말라의 티칼, 멕시코의 팔렝케, 온두라스의 코판 등 몇몇 도시를 중심으로 어느 정도 정치적 통일을 이루기도 했다.

그러나 800년 이후 건축 활동이 서서히 줄어들었고, 900년경 이후에는 마야 연합을 구성하던 수십 개의 도시가 동시에 사라져 버렸다. 그리고 그들이 세운 궁궐, 신전, 피라미드와 같은 건축물은 방치돼 점차 정글 속에 묻혔다.

번영했던 문명이 갑자기 몰락한 이유는 무엇일까? 전성기를 지나며 많은 신생 도시 국가가 형성됐고, 그에 따라 인구도 증가했다. 인구가 증가하자 식량과 농토가 부족해지고 토지 확보를 위한 경쟁이 심화됐으며 삼림도 사라졌다. 한편 도시 간의 경쟁도 발생했다. 각 도시의 왕은 더 큰 석상과 건축물을 지어 자신의 권위와 권력을 과시하고자 했다. 이 때문에 평민은 노역과 공납에 시달려야 했고, 이는 도시 국가 내부의 반란으로 이어지기도 했다. 결정적으로 마야인은 장기간에 걸친 극심한 가뭄을 여러 차례 경험했다. 즉 고전기 마야 문명의 멸망은 다양한 요인이 복합적으로 작용해 이루어진 결과였다.

한 권으로 읽는 라틴아메리카 이야기

마야 문명의 영역

　이후, 900년부터 1500년대 초반까지 멕시코의 유카탄반도를 중심으로 후고전기 마야 문명이 발전했다. 그런데 이 시기 마야는 멕시코 중앙 고원 지대에서 발전한 톨테카Tolteca 문명과 활발히 교류하며 그 영향을 받아 발전했다. 그래서 마야-톨테카의 '신新 마야' 문명이라 부르기도 하는데, 멕시코의 치첸이트사, 욱스말, 마야판 중심의 동맹을 바탕으로 발전해 나갔다. 13세기 이후에는 마야판이 유카탄 북부를 거의 정복하고 권력을 가져가면서 15세기 중엽까지 지역을 이끌었다. 그러나 반란과 소요가 계속되자 결국 마야판의 통치는 무너졌고, 도시도 파괴됐다. 에스파냐인이 도착할 무렵에는 이 지역에서 정치적 통일성이나 조직 등이 사라진 상태였다. 1517년 에스파냐인이 유카탄반도를 공격했다. 이후 에스파냐의 오랜 정복 전쟁이 이어졌고, 1697년 마야의 마지막 도시가 정복됐다.

마야 문명은 건축, 조각, 회화, 수학, 천문학 분야에서 놀라운 성취를 이루었다. 특히 수학과 천문학은 세상의 질서와 자연의 이치를 주관하는 신들의 뜻을 알기 위한 중요한 수단이었다. 마야인은 숫자 '0'의 개념을 아랍 지역보다 먼저 사용했다고 한다. 그들의 수 체계에서는 0을 조개 모양으로 표기하고 1은 점, 5는 막대로 각각 표기하여 이 세 기호를 활용해서 0부터 19까지의 숫자를 나열할 수 있었다. 즉 그들은 20진법의 수학 체계를 갖고 있었던 것이다. 또한 이들은 기호의 위치를 바꾸는 방식으로 모든 숫자를 표현할 수 있었다.

수학의 발달을 바탕으로 마야인은 오늘날 우리가 사용하는 그레고리력보다 더 정확하게 1년의 실제 길이를 파악한 달력을 제작할 수 있었다. 마야인은 두 종류의 달력을 사용했다. 하나는 종교 생활을 위한 260일 주기의 달력, 촐킨Tzolkin이었다. 촐킨은 두 개의 주기, 즉 숫자로 표기된 13일 주기와 이름이 붙여진 20일 주기가 맞물리는 방식으로 이루어졌다. 마야인은 제례 의식의 날짜를 잡거나 점을 치기 위해 이 달력을 사용했다. 다른 달력은 하압Haab이라고 하는 365일로 이루어진 태양력이다. 하압에서 한 달은 20일이고, 1년은 18개월로 구성됐다. 이렇게 계산한 360일에 불길한 5일을 더해 총 365일 주기의 달력을 만들었다. 이 달력은 농사나 행정 업무를 위해 촐킨과 함께 사용됐다. 이렇게 주기가 다른 두 종류의 달력이 서로 맞물려 52년의 큰 주기를 형성한다.

마야인은 주로 농업에 종사했다. 고전기까지는 무역 또한 마야의 경제에서 중요한 역할을 수행했던 것으로 보인다. 그러나 후고전기 마야 시기에는 농업이 이들 경제의 중심이었던 듯하다.

치첸이트사의 엘 카스티요(왼쪽 하단에서 쿠쿨칸의 머리를 볼 수 있다)

치첸이트사Chichén Itzá의 피라미드는 후고전기 마야에서 농업이 발달했음을 보여주는 대표적 증거다. 치첸이트사의 엘 카스티요El Castillo(쿠쿨칸 Kukulcán 신전이라고도 불린다)는 4면으로 이루어졌는데, 각 면에 91개씩 총 364개의 계단이 있다. 여기에 피라미드 꼭대기의 제단까지 합치면 1년을 의미하는 365개가 된다. 계단 아래쪽에는 두 개의 뱀 머리가 있다. 이 뱀이 쿠쿨칸이다. 앞서 테오티우아칸 문명에 대해 이야기할 때 케찰코아틀을 소개했다. 마야-톨테카 문명에서는 깃털 달린 뱀 신을 쿠쿨칸이라고 한다. 매년 춘분과 추분에는 이 피라미드의 계단 옆면에 드리워진 그림자가 쿠쿨칸의 머리까지 연결되면서 마치 쿠쿨칸이 하강하는 것 같은 모습이 연출된다. 쿠쿨칸의 하강은 1년 농사의 시작과 끝을 알리는 신의 메시지로 여겨졌다.

마야 최고의 신은 창조의 신으로 불, 비, 수확, 토지까지 주관하는 이참나Itzamná였다. 그 외에 태양의 신, 달의 여신, 물의 신, 땅의 신, 옥수수의 신, 죽음의 신 등도 있었다. 마야인은 사후 세계를 믿었다. 또 여러 세계가 순차적으로 생성됐다가 파괴된다고 믿었으며, 그렇기에 지금의 세계 또한 언젠가는 소멸할 것으로 여겼다. 마야인은 신들에 대한 의례를 시작하기 전이나 의례 중에 음식과 성에 대한 금기와 금욕을 엄격하게 준수했다. 또한 신체 일부에 상처를 내서 자신의 심신을 정화하고, 그 피를 신에게 바치는 자기희생 의식을 행하기도 했다. 인신 공양도 행했는데, 이는 톨테카의 영향을 받은 후고전기에 더욱 활발하게 벌어진 것으로 보인다.

마야인들은 종교적 목적이나 역사 기록을 위해 상형 문자를 사용했다. 석조 기념물, 계단 등의 유물에서 상형 문자를 찾아볼 수 있다. 마야인은 책도 만들었는데, 나무껍질로 만든 종이를 병풍처럼 접은 다음 상형 문자를 기록하는 형태였다. 오늘날에는 서너 권의 책만 남아 있다. 에스파냐 군대가 마야를 정복한 이후 가톨릭 사회로 변화시키기 위해 마야의 전통을 말살했기 때문이다. 마야 문명은 긴 세월 동안 찬란한 문화를 꽃피웠다. 그러나 앞서 언급했듯 개별 도시 국가가 각각 다른 명칭을 갖고 다른 언어를 사용했기 때문에 제국의 형태를 이룬 것은 아니었다. 한편 멕시코 중앙 고원 지역에서 군사력을 바탕으로 확실한 제국이 등장했다. 바로 아스테카다.

아스테카(Azteca)

멕시코 중앙 고원 지대에서 테오티우아칸이 멸망한 후, 도시 간 주도권 전쟁이 벌어졌다. 이 전쟁에서 톨테카가 승리해 멕시코 분지의 북부

와 중앙에서 패권을 장악했
다. 톨테카인은 테오티우아
칸의 문화유산을 흡수하며
빠르게 발전해, 8세기부터
12세기 말까지 문명을 이루
었다. 이 문명은 10세기 이
후 내부 갈등과 외부 세력의
침입, 수도 이전 등으로 힘이

멕시코의 문장**2**

약해지며 나중에는 무너졌지만, 마야 문명에 영향을 미쳐 마야-톨테카
문명이 발전할 수 있게 했다.

이후 테오티우아칸과 톨테카가 문화를 이루었던 곳에 메소아메리카
북서쪽의 아스틀란 출신 사람이 새롭게 도착했다. 이들이 바로 아스테
카인이다. 아스테카인은 자신들의 수호신이자 태양과 전쟁의 신인 우
이칠로포치틀리Huitzilopochtli의 계시를 받아 남하하기 시작했다. 이 계시
에 따르면 그들은 독수리가 선인장 위에서 뱀을 잡아먹고 있는 곳에 도
시를 건설해야 했다. 기원후 1100년부터 대이동을 시작한 아스테카인은
1325년 멕시코 계곡에 위치한 텍스코코 호수의 한 작은 섬에서 계시와
일치하는 장소를 발견한다. 그리고 그곳에 멕시코-테노치티틀란México-
Tenochtitlan이라는 도시를 건설한다. 아스테카인은 우이칠로포치틀리의
명령에 따라 종족의 이름을 아스테카에서 멕시카Mexica로 바꾸었다. 현재
의 멕시코는 이 '멕시카'라는 이름에서 유래한 것이다. 멕시코의 국기나
각종 증명서에서 자주 볼 수 있는 독수리가 뱀을 물고 선인장에 앉아 있
는 모습 또한 바로 이 기원 설화에 바탕을 둔 것이다.

아스테카인이 도착했을 당시 멕시코 계곡은 이미 다른 부족이 장악한 상태였고, 특히 아스카포찰코Azcapotzalco가 막강한 위세를 떨치고 있었다. 아스테카인은 강성했던 아스카포찰코의 용병 역할을 수행했다. 아스카포찰코는 아스테카 전사들의 도움을 받아 더욱 강력한 세력으로 성장할 수 있었고, 점점 더 아스테카에 의존했다. 이 시기 동안 아스테카도 크게 성장해 아스카포찰코와 동등한 수준에 이르렀다. 아스카포찰코가 내부의 정치적 이해관계에 따라 흔들리고 있을 때, 멕시코 분지의 여러 도시 국가가 두 패로 나뉘어 전쟁을 벌였다. 전쟁 끝에 1428년 테노치티틀란 중심의 연합체가 승리를 거둔다. 테노치티틀란은 주변의 도시 국가인 텍스코코, 틀라코판과 삼국 동맹을 결성해서 빠른 속도로 주변을 정복해나가면서 아스테카 제국으로 발전했다.

아스테카의 힘이 강해지면서 몇몇 변화가 나타났다. 아스테카의 신인 우이칠로포치틀리의 위치가 멕시코 계곡에서 전통적으로 숭배하던 다른 자연신들만큼 끌어올려졌다. 또한 아스테카 이전의 역사에 관한 서적을 불태우고 아스테카인의 위대함을 다룬 새로운 역사서를 만들었다. 한편 인신 공양은 더욱 본격적으로 행해졌다.

테노치티틀란은 총면적 12~15㎢의 섬으로, 중앙에는 대신전과 여러 신전이 위치한 정사각형 구역이 형성돼 있었다. 호수의 섬에 건설됐다는 것은 장점과 단점을 모두 갖고 있다는 뜻이다. 먼저, 섬에 위치하기 때문에 자연스럽게 외적의 침입으로부터 안전한 천연 요새를 이룰 수 있었다. 그러나 한편으로는 공간적 한계로 인해 영토와 경작지가 부족했다. 그래서 아스테카인은 호수에 말뚝을 박고, 그 주변에 바위를 쌓은 다음 진흙을 다져 넣어 지반을 단단하게 하는 방식으로 영토를 조금씩 확장해 나갔다. 몇 세대에 걸쳐 작업한 결과, 북쪽에 있는 다른 섬인 틀라텔롤코Tlatelolco와 연결될 수 있었다. 아스테카인은 '치남파Chinampa'라는 경작법을 활용해 식량 문제를 해결했다. 치남파는 아스테카 이전부터 사용했던 농법으로, 우선 갈대를 엮어 틀을 만들고 호수 밑바닥에 말뚝으로 고정한 다음, 그 위에 흙을 덮어서 수경 재배가 가능한 인공 섬을 만드는 것이었다. 그들은 이 재배지에서 옥수수, 콩, 호박, 고추, 꽃 등을 경작했다. 치남파는 땅에 물을 대는 데 용이할 뿐 아니라 물속의 영양분까지 땅으로 흡수하게 만드는 농법으로 생산성이 매우 높았다. 수경 재배를 위한 여러 인공 섬이 바둑판처럼 구획을 이루었고, 섬과 섬 사이의 수로에서는 배를 교통수단으로 이용했다. 호수 연안 지역과 원활하게 교역하기 위해 거대한 둑길을 설치하기도 했다. 필요 시 여닫을 수 있게 만들어 적이 침략해 올 때는 둑길을 해체해 도시를 보호할 수 있었다.

소치밀코의 치남파

아스테카인은 교역을 통해 부족한 식량을 충당하고 필요한 물건을 구했다. 카누와 둑길을 활용해서 식량과 화물을 들여왔고, 테노치티틀란에서 만든 제조품은 여러 지역으로 수출했다.

아스테카는 주변 부족을 정복하며 세력을 키워나갔고, 1502년 목테수마 2세가 왕위에 올랐을 때는 그 영토가 과테말라 국경까지 확장돼 있었다. 그의 통치 기간 동안 주민이 1만 명 이상인 도시 국가가 약 12개에 이르렀고, 수도인 테노치티틀란의 인구는 약 15만~30만 명에 달했다. 전성기 아스테카 제국은 유카탄반도를 제외한 거의 모든 메소아메리카 지역에 영향을 미칠 정도로 강성했다.

이후 테노치티틀란이 있던 곳에 에스파냐 정복자가 도시를 세웠는데, 그 도시가 오늘날 멕시코의 수도인 멕시코시티다. 소칼로 광장의 대성당 옆에는 아스테카 대신전Templo Mayor 유적이 있다.

아스테카 대신전 유적

한 권으로 읽는 라틴아메리카 이야기

처음 이 유적을 찾았을 때 나는 약간 당황스러웠다. 건축물의 윗부분은 없어지고 계단 부분만 남아 있었기 때문이다. 아스테카의 유적은 에스파냐 정복자에 의해, 그리고 1629년에 발생한 대홍수에 의해 크게 훼손됐다. 이후 1978년 지하철 공사를 위해 땅을 파다가 우연히 유적을 발견했고, 현재는 유적의 터나 남아 있는 유물을 통해 제국의 영광을 확인할 수 있다. 오늘날 가톨릭 대성당이 있는 위치에 인간의 심장을 태양신에게 바치는 의식을 행하던 대신전이 있었고, 현재 상가가 위치한 곳에 아스테카의 시장이 있었던 것으로 보인다. 아스테카 유적 옆에는 유적에서 발굴된 유물을 전시하는 박물관이 있다.

메소아메리카 사람은
왜 인신 공양을 했을까?

꼭대기가 뾰족한 이집트의 피라미드와 달리 멕시코의 피라미드는 대부분 끝이 평평하다. 이는 종교적 의식을 행하기 위함이었다. 사람들이 인신 공양에 대해 많이들 궁금해하기 때문인지 모르겠으나, 이곳 가이드는 유적지를 소개할 때 인신 공양에 대한 설명을 빼놓지 않는다. 설명을 듣는 여행자는 때로 놀라고, 때로는 인상을 찌푸리기도 한다. 인신 공양은 라틴아메리카뿐 아니라 이집트와 메소포타미아, 중국, 인도 그리고 우리나라에서도 행해진 고대 제의 양식의 하나다. 다만 그 목적과 방법, 규모 등에 차이가 있을 뿐이다.

메소아메리카의 인신 공양도 다른 고대 문화의 제의와 마찬가지로 신의 노여움을 풀고, 사회의 안녕과 질서를 유지하기 위한 중요한 의식이었다. 마야와 아스테카 도시의 중심은 피라미드와 구기장을 비롯한 부속

치첸이트사의 구기장

건물로 이루어져 있었다. 구기장에서는 공놀이가 행해졌는데, 이는 최초의 문명인 올메카에서부터 시작됐다. 구기장은 기원전 1500년경에 처음 세워진 것으로 추정되며 기원후 1400년까지 메소아메리카의 여러 지방에서 발전했다. 특히 고전기(전성기) 마야 시기인 400년 이후부터 900년까지는 구기장 수가 급격하게 증가했다. 마야 문명이 쇠퇴하던 1200년경 이후 마야 문명 지역에서는 더 이상 구기장을 만들지 않았으며, 이후 멕시코 고원의 아스테카 문명 지역에서 다시 성행했다. 약 1,500개의 구기장이 발견됐고 그 크기도 매우 다양하다. 가장 작은 것으로는 티칼Tikal의 구기장이 있는데, 길이 16m, 너비 5m의 규모이다. 그리고 가장 큰

치첸이트사 구기장 벽면의 조각. 왼쪽 경기자가 오른쪽 경기자의 머리를 들고 있다.

치첸이트사 구기장의 골대

한 권으로 읽는 라틴아메리카 이야기

것은 치첸이트사의 구기장으로 그 크기가 길이 96.5m, 너비 30m에 달한다.

공놀이의 각 팀은 1~8명 정도의 선수로 구성되며, 선수는 손을 사용하지 않고 엉덩이나 다리 또는 발로 벽면을 향해 공을 찬다. 공은 직경이 20~46cm에 무게도 약 1.5~3.6kg이나 된다. 놀이 방법은 축구와 비슷해 보이지만, 골대가 다르게 생겼다. 구멍이 아주 작은 골대가 벽에 높이 매달려 있다. 골대에 공을 넣는 선수가 있는 팀이 이기는 게임이다. 경기의 결과에 따라 인신 공양의 희생자가 결정됐는데, 진 팀이 희생된 건지 이긴 팀이 희생된 건지에 대해서는 의견이 분분하다. 투어 가이드는 "신에게 좋은 제물을 바치는 것이 마땅했을 것"이라며 승자의 희생을 주장했다. 한편 여러 문헌 자료에서는 패자가 희생했다고 이야기하고 있다. 어쨌든 경기 이후에 희생 의례가 있었다는 것은 공통적으로 인정한다. 에스파냐어로 후에고 데 펠로타Juego de Pelota, 직역하면 '공놀이'인 이 경기는 놀이보다는 의례의 성격을 갖는다고 할 수 있다.

치첸이트사 구기장 벽면의 조각에서 공놀이 이후 머리를 자르는 의례를 행했음을 확인할 수 있다. 조각 중앙부의 두 사람은 전사의 복장과 무릎 보호대를 하고 있다. 두 사람 사이에는 해골이 묘사된 둥근 공이 있다. 이들은 공놀이(의례)에 참여한 두 팀의 대표다. 공놀이의 결과 오른쪽 경기자의 머리가 잘려서 왼쪽 경기자의 손에 들려 있다. 그런데 희생자는 머리가 잘렸음에도 죽은 사람같지 않게 꼿꼿한 자세를 취하고 있고, 잘린 목에서는 피가 아닌 여섯 마리의 뱀과 수련이 뻗어 나온다. 이는 당시 사람들이 죽음의 결과에 대해 어떤 관념을 갖고 있었는지를 보여준다. 마야 문명에서 뱀은 창조의 신으로, 생명의 근원과 풍요를 나타낸다. 경기자의 목에서 솟아오르는 뱀은 희생과 생명력을 동시에 상징한다. 치첸이트사 구기장 벽에 달린 골대에도 두 마리의 뱀이 서로 얽혀서 원을 이룬 형상이 새겨져 있는데, 이 또한 공놀이의 결과로 인한 희생이 죽음과 재생의 순환을 상징한다는 것을 확인해 준다(정혜주, 2012).

앞서 이야기했듯이 인신 공양은 메소아메리카의 첫 문명부터 이어져 온 전통으로, 여러 문명에서 그 흔적을 찾아볼 수 있다. 그러나 아스테카에서는 특히 빈번하게 인신 공양이 행해졌으며 규모도 엄청났다. 그들의 신전은 말라붙은 피 때문에 검붉은색으로 물들었고, 피가 썩으면서 고약한 냄새를 풍겼다. 아스테카인이 이처럼 광적으로 인신 공양을 행한 이유는 종교적, 정치적, 경제적 측면에서 설명할 수 있다.

먼저, 종교적으로 아스테카인은 '다섯 번째 태양'에 대한 믿음을 갖고 있었다. 아스테카의 우주론에서는 지금까지 다섯 개의 태양이 있었다고 이야기하는데, 여기서 태양이란 '시대'를 말한다. 그들의 신화에 따르면 첫 번째 태양인 '땅의 태양'은 재규어에 의해 망했고, 두 번째 태양인 '바람의 태양'은 거센 바람이 불어 사라졌다. 세 번째 태양은 '불의 태양'이었는데, 비처럼 내리는 화염 때문에 없어졌다. 네 번째 '물의 태양'은 대홍수로 파괴됐다. 마침내 다섯 번째 세계가 시작됐는데, 아직 빛이 없었다. 빛을 만들기 위해 나나우아친신과 테쿠시스테카틀신이 불 속에 뛰어들었다. 한참이 지나 나나우아친은 태양이 돼 떠올랐고, 테쿠시스테카틀 또한 동쪽에서 떠올랐다. 세상이 너무 밝아질까 봐 염려했던 한 신이 테쿠시스테카틀의 얼굴을 향해 토끼를 던졌다. 이때의 상처로 인해 달빛이 햇빛보다 약해진 것이며 보름달이 뜰 때는 달에서 토끼의 형상을 볼 수 있다고 한다. 우여곡절 끝에 해와 달이 만들어지긴 했는데, 이 둘은 움직이지 않았다. 결국 케찰코아틀이 신들을 희생시키고 바람을 불어 태양을

아스테카 대신전의 차크 물(Chac Mool). 와상의 배 위에 놓은 접시에 신에게 바치는 제물을 놓았을 것으로 추정된다.

움직이게 했다. 그렇게 해서 다섯 번째 세계가 시작됐다. 아스테카인은 앞선 네 개의 태양이 멸망했듯이 자신들이 살고 있는 다섯 번째 태양도 결국 소멸하게 될 것이라고 믿었다. 아스테카인은 언젠가 소멸될 위기에 있는 다섯 번째 태양을 유지하고 싶어 했다. 따라서 신들이 태양을 움직이기 위해 스스로를 희생했던 것처럼 인간의 심장과 피를 바치는 인신 공양을 행했던 것이다. 돌 위에 희생자를 눕히고 네 명의 사제가 팔과 다리를 각각 잡았다. 그리고 다섯 번째 사제가 흑요석 칼로 희생자의 가슴을 갈라 심장을 꺼냈다.

한편 인신 공양은 거대한 제국을 유지하며 효율적으로 통치하기 위한 수단으로 활용되기도 했다. 아스테카인이 자리 잡은 테노치티틀란은 호수 한가운데 위치한 척박한 섬으로, 사람이 살기 어려운 땅이었다. 집을 짓거나 피라미드를 쌓아 올리기 위한 원자재는 물론 농경지도 부족했다. 수경 농업인 치남파를 통해 식량 부족 문제를 해결하고자 했지만, 인구에 비해 생산량은 여전히 부족했다. 건축물을 짓고 관개 시설을 정비할 노동력도 필요했다. 아스테카인은 주변의 부족과 도시 국가를 정복하고 공물을 받아 제국을 유지했는데, 이러한 아스테카의 일방적 통치와 과중한 징수에 불만을 품는 도시가 나타나기 시작했다. 아스테카는 조공 납부를 거부하거나 반란을 일으키는 도시가 있다면 군대를 동원해 강력하게 응징했다. 반란을 일으킨 도시 국가의 왕이나 위험인물은 생포해 대신전에서 인신 공양으로 희생시켰다. 여러 도시 국가의 왕과 귀족을 초청해 그 앞에서 인신 공양을 벌였다. 끔찍한 장면을 직관한 참석자들은 감히 아스테카의 지배에 대항하려는 생각을 할 수 없었을 것이다.

즉 아스테카의 인신 공양은 종교적 의미뿐 아니라 정치적, 경제적 목적을 갖는 중요한 제의였던 것이다. 희생의 규모가 점점 더 커지자 아스테카는 제의에서 희생시킬 포로를 잡기 위해 전쟁을 일으켰는데, 이 전쟁을 '꽃의 전쟁'이라고 했다.

이후 아메리카에 도착한 에스파냐인은 아스테카와 마야의 인신 공양을 야만적 행위로 규정하고, 에스파냐의 아메리카 정복을 정당화하는 구실로 활용했다. 인신 공양의 이유가 무엇이든 사람이 사람을 죽이는 것은 바람직한 일이라 할 수 없다. 그러나 원주민이 인신 공양을 했다는 이유만으로 정복돼 마땅한 야만적이고 미개한 존재였다고 할 수 있을까?

🦚 성스러운 우물, 세노테(Cenote) 🦚

마야 문명의 도시들이 발전했던 유카탄반도는 석회암 지대의 정글이다. 높은 산도, 강도 찾아볼 수 없는 척박한 땅이다. 강물은 석회암을 통과해서 땅 아래로 흐른다. 석회암이 침식하고 땅 아래에 공간이 생기면서 동굴이 형성되고, 거기에 물

치첸이트사의 세노테

이 모여 샘이 만들어지기도 한다. 이러한 지형을 세노테Cenote라고 하는데, 이는 마야어로 '깊은 못(dzonot)'을 의미한다. 유카탄반도에는 7,000~8,000개의 세노테가 있다고 한다.

마야 문명 유적지 투어는 거의 대부분 세노테 방문 코스를 포함한다. 뜨거운 태양 아래 유적지를 구석구석 살펴보고 나면, 얼굴은 익고 더위를 먹어 어지럽기까지 하다. 이때 시원한 물에 몸을 담그면 열기가 식으면서 어쩐지 몸이 치유되는 것 같은 느낌이 든다.

마야인에게도 세노테는 매우 중요했기 때문에 그들은 주로 세노테를 중심으로 도시를 형성했다. 세노테는 유일한 식수 공급원이었고, 종교적으로도 중요한 의미를 가졌다. 지하 세계 또는 수원으로 들어갈 수 있는 입구로, 지하 세계와 현세가 만나는 지점으로 여겨졌기 때문이다.

종종 성스러운 기능을 하는 세노테의 위치를 비밀로 유지하기도 했다. 그러나 성스러운 우물이라 불리는 치첸이트사의 세노테처럼 대중에게 보이기 위한 종교 의식을 행하던 세노테도 있었다. 마야인은 세노테에서 봉헌 의식을 치렀다. 비취나 금과 같은 귀중품을 세노테에 던졌다고 전해지는데, 실제로 세노테에서 이러한 물건이 발견되기도 했다. 이때 귀중품과 함께 사람의 유골도 발견돼 인신 공양을 했다는 것이 밝혀졌다.

마야인에게 세노테는 희생과 죽음의 장소인 동시에 재생의 장소였다. 그들은 물

의 신 차크를 믿었는데, 이 신이 세노테의 물에 거주한다고 믿었다. 차크는 강력한 폭풍이나 홍수를 일으켜서 사람을 죽이기도 하고 농업에 필요한 비를 내려줘 땅에 생명을 부여하기도 하는 신이었다. 그래서 차크에게 폭풍우로부터 보호해 달라고 빌고, 비를 기원하기도 했던 것이다. 마야인은 세노테에서 희생된 사람이 다시 살아나거나 그의 영혼이 사후 세계에서 높고 고귀한 영역에 들어가게 될 것이라고 믿었다.

기울어진 도시,
멕시코시티

오늘날 멕시코시티가 위치한 곳은 아스테카의 수도인 테노치티틀란이 있던 곳이다. 어? 테노치티틀란은 호수 위에 세워졌다고 하지 않았는가? 그런데 오늘날 멕시코시티에서는 그 흔적을 찾아볼 수 없다. 그저 고원에 위치한 보통의 도시와 같다. 심지어 멕시코시티는 물 부족 문제도 겪고 있다고 한다. 호수 위에 세워진 도시에 무슨 일이 있었던 것일까?

아스테카인이 자리 잡았던 호수가 어떤 곳이었는지 먼저 살펴보자. 테노치티틀란은 멕시코 고원 지역의 텍스코코 호수에 있었는데 주변에는 네 개의 호수가 더 존재했다. 북부에는 숨판고Zumpango와 살토칸Xaltocan 이 있었고, 남부에는 소치밀코Xochimilco와 찰코Chalco 호수가 있었다. 소치밀코와 찰코 호수는 담수(염분이 없는 물)인 반면 텍스코코와 숨판고, 살토칸 호수는 염수였다.

호수가 있는 멕시코 고원은 최저 해발 약 2,200m에 위치하며 산으로 둘러싸여 있어 물의 출구가 없었다. 우기인 5~10월에는 고원 면적의 약 4분의 1이 얕은 물로 덮여 있었다. 그중에서도 텍스코코 호수는 고도가 가장 낮아서 다른 호수로부터 끊임없이 물이 흘러들어 수심이 가장 깊었다. 국가를 유지하기 위해서는 식량 확보를 위한 농사가 중요하다. 그런데 아스테카의 환경은 농업에 상당히 불리했다. 고원 지역인데다가 섬을 둘러싼 텍스코코 호수에는 염분이 있었고 범람의 문제도 있었다. 따라서 고원 지역에서 농업용수와 생활용수를 적절히 공급하면서 배수를 원활하게 하기 위한 방법을 찾아야 했다. 치남파 농업은 하나의 해결책이 될 수 있었다. 다행히도 염분은 호수의 동쪽에 집중돼 있었고, 서쪽의 물은 상대적으로 얕고 염도가 낮았다. 문제는 염수가 호수의 동쪽에서 서쪽으로 정기적으로 범람했다는 것이다. 소금물은 서쪽에 조성한 치남파를 황폐화할 수 있었다. 지역의 특성을 잘 알았던 아스테카인은 15세기 중반에 텍스코코 호수를 가로지르는 제방을 건설해서 물이 범람하는 문제를 효과적으로 통제했다. 또한 인공 수로를 통해 농업

1519년 멕시코 계곡의 여러 호수

한 권으로 읽는 라틴아메리카 이야기

과 가정에서 사용할 담수를 끌어왔다. 이러한 방식으로 치남파 농업을 지속할 수 있었다(장수환, 2020).

그런데 문제는 에스파냐 정복자가 도착하면서 시작됐다. 정복자가 텍스코코 호수의 제방을 허물어 버린 것이다. 호수 전체에 소금기가 번졌고, 더 이상 호수의 물을 농사나 식용수로 사용할 수 없게 됐다. 제방이 사라지자 홍수를 막는 것도 어려워졌다. 결국 1600년대 초반에 여러 차례 홍수가 발생했다. 1604년 도시가 침수됐고 1607년까지 홍수가 이어졌다. 호수의 물을 빼기 위한 배수 시설을 만들었음에도 1629년에 다시 엄청난 홍수가 나 도시가 5년 정도 물에 잠겨 있었다. 또한 정복자가 주변의 산림을 제거하고, 무분별하게 경작지를 확대하면서 지력이 약해졌다. 비가 많이 오면 힘이 약해진 흙이 호수 쪽으로 몰려와 쌓이면서 수위를 높였다. 여기에 사람들이 버린 쓰레기까지 쌓여 호수와 운하는 질병의 온상이 됐다. 독립 이후 1800년대 중반에는 많은 사람들이 도시로 이주하면서 멕시코시티 인구가 크게 증가했고 더 많은 쓰레기가 발생했다. 이로 인해 질병이 확대되고 사망자가 증가하자 멕시코 대통령은 호수의 물을 말려버리기로 결정했다.

1869년 당시 대통령이었던 포르피리오 디아스는 10년 동안 운하를 건설했고, 이 운하를 따라 호수의 물을 빼냈다. 단 몇 달 만에 호수의 물이 크게 줄어들었다. 그러나 여전히 비가 많이 올 때는 호수의 물이 예전처럼 차올라 도시로 밀려들었다. 한참 후인 1975년 더 깊고 넓은 터널을 만들 때까지 도시는 물에 시달려야 했고, 질병도 사라지지 않았다. 그뿐만 아니라 호수의 물을 빼내면서 각종 부작용이 나타나기 시작했다. 예를 들어 물고기나 다른 생명체가 죽게 되면서 이로 인해 식량을 잃은 가난한 사람들의 삶은 점점 힘들어졌다. 반면, 부자들은 물을 빼내면서 생성된 최상급 농토를 차지할 수 있었고, 점점 빈부 격차가 심화됐다.

오늘날 멕시코시티의 심각한 문제가 바로 '물 부족'이다. 호수의 물은 사라졌는데, 인구가 늘어나면서 물 사용량도 당연히 증가했다. 사람들은 지하에 남은 물을 끌어올려서 마실 물을 구하기 시작했고, 지표면의 지하수를 거의 다 사용하자 대수층 아래의 물을 끌어올려야 하는 상황에 처했다. 대수층은 멕시코시티의 주요 물 공급원으로, 도시 물 공급의 70퍼센트 이상을 담당한다. 물을 끌어다 쓰며 대수층 지하수가 고갈되면서 지표면이 침하하는 문제가 발생하고 있다. 20세기에 멕시코시티의 지표가 7.5m 혹은 9m가량 가라앉았다는 연구 결과도 있다.

멕시코시티는 물 부족과 지반 침하라는 심각한 자연 문제에 직면해 있다. 동시에 지반 침하로 인해 건물 토대에 균열이 생기거나 지하철 교통체계가 붕괴되는 등 여러 문제를 겪고 있다. 그리고 이는 멕시코시티의 경제적 손실로도 이어지고 있다(주정헌, 홍상훈, 2021).

멕시코시티의 기울어진 건축물

멕시코인의 어머니,
과달루페 성모

멕시코의 성당에서부터 멕시코인의 일상생활에도 자주 등장하는 검은 피부의 성모 마리아가 있다. 사실은 멕시코뿐 아니라 라틴아메리카 여러 나라의 성당에서 이 성모를 발견할 수 있다. 멕시코를 비롯한 라틴아메리카의 가톨릭 신자에게 중요한 인물이라는 것이 확실해 보인다. 도대체 이 성모는 누구일까?

앞서 살펴보았듯이 에스파냐 정복자가 도착하기 전 멕시코 고원 지역에는 아스테카라는 강력한 제국이 존재했다. 이들은 고도로 발달한 지식과 기술을 갖고 있었으며 신앙 체계 또한 정교하게 이루어져 있었다.

에스파냐는 아스테카 제국의 정치, 경제, 문화, 종교의 중심이었던 수도 테노치티틀란이 있던 곳에 누에바 에스파냐 부왕청을 세우고 식민지를 정복해 나갔다. 에스파냐 왕실과 정복자는 아메리카에서 얻을 수 있

과달루페 성모

는 경제적 부에 집중했고, 이를 위해 원주민의 노동력을 착취했다. 에스파냐인에게 아메리카 원주민은 진정한 신을 알지 못하는 열등한 존재였다. 가톨릭 교의에 따르면 원주민이 행하는 인신 공양과 같은 제의는 악마적인 의식이며 미개한 문화였다. 그렇기 때문에 원주민의 종교를 바로잡고 가톨릭 신앙을 전파하는 것은 에스파냐인의 아메리카 정복에 정당성을 부여해 주었다. 교회는 정복 활동을 합리화했지만 한편으로 그러한 착취로부터 원주민을 보호하는 기능도 수행했다. 물론 경제적 이익에만 관심을 두는 교회도 있었지만 말이다. 에스파냐는 아메리카를 군사적, 경제적, 정치적 그리고 정신적으로 정복해 나갔다.

정복 이후 수많은 원주민이 가톨릭으로 개종했지만, 이들이 모두 진정한 종교적 고백을 바탕으로 개종을 한 것은 아니었다. 수천 년 동안 이어진 전통 신앙을 포기하는 것은 쉽지 않았다. 원주민이 찾은 방법은 자신들의 토착 신앙을 가톨릭 신앙으로 포장해서 숭배하는 것이었다. 이러한 종교의 혼합은 아스테카인에게 매우 익숙한 일이었다. 아스테카가 자리 잡았던 멕시코 중앙 고원은 테오티우아칸, 톨테카, 아스테카 등 여러 문화에 걸쳐 종족 간 패권 다툼을 경험했던 곳이다. 아스테카인은 정복한 지역의 주민을 통합하기 위해 다른 지역의 신들을 통합하는 혼합주의 문화 정책을 펼쳤다. 승자의 신과 패자의 신이 공존하는 현상은 당시 원주민에게 상당히 자연스러웠다(김태중, 2007).

한편 가톨릭 사제는 아메리카 원주민을 전도하기 위해 그들의 마음을 움직일 만한 요인을 가톨릭에 삽입하려 했다. 먼저 사제들은 가톨릭에서 원주민의 아버지와 어머니를 찾아주고자 했다.

원주민과 백인 사이에서 태어난 메스티소는 대부분 부모를 정확히 알지 못했다. 정복자는 아메리카로 이주해 올 때, 가족과 함께 오기보다 주로 남자 혼자 오는 경우가 많았다. 아메리카에서 부를 챙겨서 본국으로 돌아갈 생각이었기 때문이다. 이들은 아메리카에서 원주민 여성과 관계해 자녀를 낳았지만 양육을 함께하지는 않았다. 이렇게 태어난 자녀는 '고아'의 감정을 갖고 있었다. 게다가 자신들이 믿던 신들의 신전과 도시가 파괴되고, 문화 또한 약탈당했다. 광산과 농장에서 노동력까지 착취당하는 상황에서 원주민은 희망조차 가질 수 없었다. 교회는 그런 원주민에게 예수 그리스도를 전파했다. 예수 그리스도는 인간을 위해 목숨을 바쳤다고 하는데, 이 대목에서 원주민은 인간을 위해 희생했다는 자신들의 토속 신에 대한 기억을 떠올렸다. 그렇게 토속 신앙과 가톨릭 신앙이 합쳐지면서 원주민은 고유의 신앙심을 갖게 됐다.

가톨릭에서 찾은 어머니는 성모 마리아였다. 이 과정에서 등장한 것이 바로 과달루페 성모다. 과달루페 성모의 발현에 관해 다음과 같은 이야기가 전해진다.

1531년 12월, 가톨릭으로 개종한 지 얼마 되지 않은 아스테카 원주민 후안 디에고가 새벽 미사에 가기 위해 테페약Tepeyac 언덕을 넘어가고 있었다. 그때 자신을 부르는 목소리를 듣고 산꼭대기로 올라갔는데, 그곳에서 그는 성모 마리아를 만났다. 성모는 테페약 언덕에 성당을 지어달라는 뜻을 주교에게 전달하라고 했다. 테페약 언덕은 아스테카 대지의 여신인 토난친Tonantzin을 예배하던 곳이었다. 후안 디에고는 성모를 보고, 토난친이 모습을 바꿔서 나타난 것이라고 생각했다. 그는 후안 데 수마라가 주교에게 성모의 뜻을 전했으나, 그는 개종한 지 얼마 되지 않은 원주민의 말을 믿지 않았다. 이후에도 성모는 몇 번 더 후안 디에고 앞에 나타났다. 그리고 장미를 구할 수 있는 곳을 알려주며 그 장미를 주교에게 가져가라고 지시했다. 한겨울이었음에도 후안 디에고는 장미를 찾아서 자신이 입고 있던 원주민의 가운인 틸마에 싸서 주교에게로 갔다. 그가 틸마를 펼쳐 장미꽃을 보여주려 할 때, 장미꽃이 바닥에 떨어지면서 틸마에 새겨진 성모 마리아의 형상이 나타나는 기적이 일어났다. 이를 본 수마라가 주교는 그 앞에 무릎을 꿇고 눈물을 흘리며 기도했다. 그리고 성모 마리아의 말씀을 따라 그 자리에 성당을 세웠다.

과달루페 대성당(Basílica de Santa María de Guadalupe)의 구관(왼쪽)과 신관(오른쪽)

　에스파냐 정복자는 테페약 언덕에서 발현한 성모 마리아를 과달루페 성모Virgen de Guadalupe라 칭했다. 과달루페는 아스테카 제국을 정복한 에르난 코르테스를 비롯한 많은 에스파냐 정복자의 출신지인 에스파냐 엑스트레마두라Extremadura주의 도시명이다. 과달루페 성모는 14~15세기에 과달루페 지역에서 발현한 성모를 뜻한다. 정복자는 테페약에서 발현한 성모를 자신들의 수호성인인 과달루페 성모라 칭한 것이다. 멕시코에서는 성모의 피부색만 갈색으로 바뀌었을 뿐이다. 하지만 원주민에게 호칭 따위는 중요하지 않았다. 원주민은 자신들의 문화와 신앙을 잃어버린 상태에서 영혼을 위로해 줄 안식처가 필요했다. 그들은 대지의 여신을 숭배하던 곳에 원주민의 피부색을 가진 성모 마리아의 이미지를 포개어 문화적 혼종을 이루어 냈다. 그리고 식민 지배자의 억압과 착취 속에서 새

한 권으로 읽는 라틴아메리카 이야기

로운 정체성과 관계를 정립할 수 있었다. 과달루페 성모는 원주민과 메스티소뿐 아니라, 아메리카에서 태어났다는 이유로 유럽 출신 백인에 비해 차별을 받으며 스스로 고아 의식에 빠져 있던 크리오요에게도 어머니가 돼주었다.

이후 가톨릭의 토착화에 대해 다양한 입장이 표명됐으며, 원주민의 전통 신앙에 뿌리를 둔 과달루페 성모 신앙 또한 이교적 요소로 취급받았다. 그러나 이 신앙이 가톨릭 포교를 도울 수 있다는 판단 아래 가톨릭교회로부터 공인됐다.

멕시코의 독립 전쟁을 이끈 미겔 이달고 신부는 과달루페 성모의 상이 새겨진 깃발을 들고 진군했다. 과달루페 성모는 독립 전쟁 때 크리오요,

메스티소, 원주민을 통합하는 수호신이었다. 독립 후에도 국민적 통합의 상징으로 활용됐다(김태중, 2007). 오늘날에도 과달루페 성모에 대한 멕시코 국민의 사랑과 존경은 뜨겁게 유지되고 있다. 과달루페 성당 구관이 1709년에 완공된 이후, 수많은 신자가 성당을 찾았다. 그러나 지반이 침하하며 성당도 조금씩 가라앉기 시작했다. 실제로 밖에서 봐도 건물이 눈에 띄게 기울어져 있고 성당 안은 걷기 힘들 정도로 상태가 심각하다. 결국 바로 옆에 새로운 성당을 건축(1976년 완공)했고, 여전히 많은 신자들이 찾아오고 있다.

과달루페 성모가 후안 디에고에게 네 번째로 발현한 날인 12월 12일을 과달루페 성모 축일로 기념하고 있는데 이날에는 무릎을 꿇고 테페약 언덕까지 순례하는 신자의 모습을 볼 수 있다고 한다. 또한 과달루페 성모 신앙은 멕시코뿐 아니라 라틴아메리카 전역으로 확대돼 라틴아메리카 여러 국가의 성당에서 과달루페 성모를 만날 수 있다.

멕시코 땅은
현재 면적의 두 배였다

미겔 이달고 신부가 과달루페 성모의 깃발을 들고 독립 투쟁을 시작한 1810년 9월 16일로부터 11년이 지난 1821년 9월 28일, 멕시코는 독립을 선포했다. 당시 멕시코는 방대한 영토를 갖고 있었다. 오늘날 미국에 속하는 땅도 상당 부분 멕시코의 영토였다. 실제로 오늘날 미국의 남서부 즉 텍사스주, 뉴멕시코주, 애리조나주, 캘리포니아주 등에서는 에스파냐어를 많이 사용한다. 그뿐 아니라, 에스파냐계나 멕시코계 문화가 남아 있고 히스패닉 인구가 미국의 다른 주에 비해 많은 편이다. 1846년부터 1848년 사이에 벌어진 미국-멕시코 간 전쟁의 결과로 멕시코는 당시 영토의 절반 정도를 미국에 넘겨줘야 했다. 이 두 나라 사이에 무슨 일이 있었던 것일까?

우선 당시 멕시코의 상황을 간단히 살펴보자. 멕시코는 오랜 전쟁 끝에 독립을 이루어 냈다. 그러나 독립 이후 멕시코의 상황은 매우 불안정했다. 그도 그럴 것이 전쟁으로 인해 총인구의 10퍼센트인 60만 명이 목숨을 잃었고, 광산 및 도시의 각종 시설 또한 대부분 파괴됐다. 식민지에 거주하던 에스파냐인이 자신들의 재산과 장비를 가지고 본국으로 돌아갔기 때문에 멕시코에는 정말로 남은 것이 거의 없었다.

전쟁을 오랫동안 하면서 교역도 끊겼고, 어려운 상황에 세금 수입이 있을 리 없었다. 남쪽으로는 과테말라, 북쪽으로는 미국과 면하고 있었는데 국가 간 경계도 분명하지 않았다. 국내 정치도 혼란 그 자체였다. 국가를 세워가는 시점에 지도자는 두 파로 나뉘어 치열하게 대립했다. 그래서 25년 동안 대통령이 마흔세 번이나 바뀌는 대혼란의 시기를 보내고 있던 것이다(임상래, 2011).

한편 미국은 서부로 영토를 확장해 나가고 있었다. 전쟁을 통해 영국으로부터 큰 땅을 넘겨받았고, 프랑스와 에스파냐에게 땅을 사기도 했다. 미국은 에스파냐로부터 텍사스 땅을 구매하기 위해 여러 차례 의사를 표명하기도 했다. 에스파냐가 이를 거부해서 땅은 사지 못했지만, 많은 미국인이 텍사스로 진출했다.

멕시코가 독립할 무렵인 1822년에는 텍사스에 최초의 미국인 정착촌을 건설했고, 1830년 무렵에는 2만 명 이상의 미국인이 그곳에 거주했다. 독립 후 혼란스럽던 멕시코 정부는 인구가 모여 있는 중앙 고원 지역에 집중했고, 북쪽 국경 지역에는 큰 관심을 두지 못했다. 따라서 텍사스의 관료들은 지역을 개척하고 발전시키기 위해 새로운 정착민의 이주를 환영했다. 그렇게 텍사스에는 점점 더 많은 미국인이 이주해 왔다. 이주민은 멕시코의 문화에 동화되기보다는 자신들의 문화를 유지하려 했고,

텍사스에는 점점 에스파냐어보다 영어를 쓰는 사람이 많아졌다. 그들은 멕시코의 법도 준수하려고 하지 않았다. 무엇보다도 1829년 이미 노예제를 폐지한 멕시코에 노예를 데려와 노동을 시키는 것이 문제가 됐다. 멕시코 땅에서 멕시코의 법을 어기는 미국인에 대한 특단의 조치가 필요했다.

1830년, 멕시코 정부는 미국인의 추가 이주를 금지하는 법을 발표했다. 또한 멕시코 정부가 이주자에게 부여했던 면세 등의 특권 역시 폐지했다. 텍사스에서는 반反멕시코 감정이 고조됐다. 결국 1835년 독립운동이 시작됐고, 1836년 3월 텍사스는 독립을 선언했다.

그러자 당시 멕시코의 대통령이었던 안토니오 로페스 산타 안나Antonio López de Santa Anna는 멕시코군을 이끌고 1836년 3월 샌 안토니오San Antonio의 알라모Alamo 요새에서 텍사스 반란군을 진압했다. 알라모에서 패배했다는 소식을 들은 미국인은 텍사스 군사령관인 샘 휴스턴Sam Huston을 중심으로 "알라모를 기억하라!"라는 구호를 외치며 샌 재신토San Jacinto에서 멕시코군을 급습했다. 전쟁의 결과 수백 명의 멕시코 군인이 전사했고 수많은 사람이 포로로 잡혔는데, 그중에는 산타 안나 대통령도 있었다. 산타 안나는 텍사스의 독립을 인정하는 벨라스코 조약에 강제로 서명해야 했다. 이로써 텍사스는 독립 국가가 됐다.

텍사스 공화국은 대부분 미국인으로 구성됐고, 가능한 한 빨리 미국 영토에 편입되기를 원했다. 그러나 미국은 쉽게 텍사스를 합병할 수 없었다. 당시 남부와 북부는 노예 문제를 놓고 첨예하게 대립했는데 노예제가 실행되던 텍사스를 합병하면 팽팽하게 유지하던 정치적 균형이 깨질 수 있었기 때문이다. 그렇게 텍사스는 10년 동안 독립국으로 남아 있었다. 미국이 합병을 주저하는 사이, 유럽 열강이 텍사스에 관심을 갖고

1821년에서 1853년 사이 멕시코-미국의 국경 변화

영향을 미치기 시작했다. 특히 영국이 텍사스에 진출하기 시작하자 미국에서는 텍사스 합병을 주장하는 목소리에 더욱 힘이 실렸다. 결국 1845년 12월 텍사스는 미국의 스물여덟 번째 주로 편입됐다.

미국의 텍사스 합병에 멕시코인은 분노했다. 당시 멕시코는 텍사스를 독립국으로조차 인정하지 않았기 때문이다. 텍사스의 독립을 인정하는 조약에 서명할 당시 산타 안나는 이미 대통령 자리에서 퇴위당한 상태로, 멕시코를 대표할 권한이 없었다는 것이 멕시코인의 주장이었다. 멕시코 입장에서 텍사스는 반란 지역이었지 독립 국가가 아니었던 것이다. 이런 상황에서 1846년 1월, 미국의 제임스 포크James Polk 대통령은 국경을 보호한다는 명분으로 텍사스에 군대를 파견했다.

문제는 미국과 멕시코가 국경을 서로 다르게 이해했다는 것이다. 전통적으로 텍사스와 멕시코의 경계는 뉴에세스 강Nueces이었다. 그런데 미국은 그보다 서쪽으로 240㎞ 정도 떨어진 곳에 위치한 리오 그란데 강Rio Grande을 국경이라고 주장하면서 멕시코인이 살고 있는 리오 그란데 강까지 군대를 파견했다. 국경 지역에서 두 국가 간 교전이 자주 발생하던 1846년 5월, 미국이 멕시코에 선전 포고를 하고 멕시코시티까지 진격했다. 1847년 9월 14일에는 멕시코 정부를 쫓아내고 미국의 국기를 게양하기에 이르렀다.

결국 1848년 2월 과달루페 이달고 조약을 체결함으로써 전쟁은 종결됐으나 멕시코는 캘리포니아와 뉴멕시코를 미국에 넘겨주어야 했고, 텍사스와 멕시코의 경계선은 리오 그란데 강으로 정해졌다. 멕시코가 미국에 빼앗긴 땅의 크기는 약 240만㎢였는데, 이는 현재의 영토인 197만㎢보다 더 큰 규모였다. 멕시코 입장에서는 분통이 터질 노릇이었다. 그래서 멕시코인은 이 전쟁을 '미국-멕시코 전쟁' 대신 '미국의 침략 전쟁'이라고 부르기도 한다.

이후 미국의 제임스 개즈던은 다시 멕시코 북부의 약 7만 8,000㎢에 달하는 영토를 구매하기 위해 멕시코 정부와 협상을 벌였고, 1853년 양국이 매매에 합의해 미국과 멕시코 간의 국경이 확정됐다.

멕시코는 색이다

"멕시코는 색色이다."

멕시코를 여행하면서 가장 강하게 느꼈던 감정이다. 많은 라틴아메리카 국가가 색채를 다양하고 과감하게 사용하지만 그중에서도 멕시코는 단연코 으뜸이다. 노란색 대성당, 붉은빛 관청, 파스텔 톤의 집, 보라색 버스, 파란색 택시, 거리의 상점에 진열된 제품도 색 조합이 확실하게 눈길을 끈다. 개인적인 상식으로는 도저히 어울릴 것 같지 않은 색이 조화를 이뤄 하나의 어울리는 큰 그림을 만들어 낸다.

색에 대한 멕시코의 전통은 마야와 아스테카 문명에서도 나타난다. 이들 문명이 남긴 벽화를 보면 그들이 얼마나 과감하게 색을 사용했는지 확인할 수 있다. 이처럼 색의 다채로움은 멕시코의 전통이라 할 수 있다.

멕시코의 도시를 거닐다 보면 벽화를 정말 많이 볼 수 있는데, 그 수준

마야 카카스틀라(Cacaxtla) 유적지의 전투 그림**3**

도 예사롭지 않다. 일반적으로 벽화라고 하면 누군가 남의 눈을 피해 급하게 그려놓은 낙서나 광고를 위해 일정한 장소에 그린 상업적 그림을 떠올릴 것이다. 하지만 멕시코의 벽화는 개인 건물의 벽뿐만 아니라 대통령궁, 관청, 박물관, 정당 사무실, 대학교, 대형 빌딩, 아파트 그리고 지하철 플랫폼에 이르기까지 거의 모든 장소에 그려져 있다. 이런 벽화는 어떻게 그려졌을까?

멕시코는 1876년부터 1911년까지 약 35년간 포르피리오 디아스 **Porfirio Diaz**(1880~1884년은 마누엘 곤살레스 대통령)의 독재하에 있었다. 그는 강력한 독재 정치를 통해 정치적 안정을 이루고, 이를 바탕으로 외국 자본을 유치해 사회 기반 시설을 확충했으며, 농업과 광업 등 1차 산품 수출 중심의 경제 성장을 이루었다. 한편으로 디아스 정권은 토지 신고 사업을 실시했다. 소유주가 불분명하거나 신고하지 않은 토지는 국가가 몰수해서 대토지 소유주나 미국계 기업에 팔아넘겼다. 이 과정에서 부유층은 더 많은 부를 얻었지만, 대다수의 가난한 원주민은 토지를 상실했다. 농촌에서 일자리를 잃은 사람이 일자리를 찾아 도시로 이주하면서 새로운 사회적, 정치적 긴장감이 형성됐다. 겉으로 보기에는 정치경제적 진보를 이루었지만 이는 외국 기업이나 소수 세력에 집중된 것이었고, 국민의 대다수는 가난에 시달려야 했다.

1910년 반反디아스 연합 전당 대회에서 프란시스코 마데로가 대통령 후보로 선출됐다. 마데로가 공명선거와 재선 반대를 외치며 국민들의 뜨거운 지지를 받자 디아스는 마데로를 반란 혐의로 체포하고 투옥했다. 결국 그해 선거에서 또다시 디아스가 대통령으로 당선됐다. 그러자 마데로는 1910년 10월 '산 루이스 포토시San Luis Potosi 강령'을 선포하며, 모든 국민이 함께 무장 봉기를 일으키자고 촉구했다. 이를 기점으로 전국에서 일어난 멕시코 혁명은 1911년 5월 혁명군이 전략적 요충지인 후아레스를 점령하고, 디아스가 유럽으로 망명을 떠나면서 성공하게 된다.

이후로도 혁명 세력 간의 오랜 갈등이 이어지다가, 1920년에 알바로 오브레곤이 대통령 지위에 올랐다. 오브레곤 대통령은 혁명의 당위성과 과정 그리고 혁명의 이상을 기록으로 남겨 민중에게 전달하려고 했고, 그 방법을 당시 교육부 장관이던 호세 바스콘셀로스 칼데론에게 물었다. 당시 멕시코는 문맹률이 80퍼센트에 육박했다. 따라서 바스콘셀로스가 제시한 방법은 '벽화'였다.

구석기 시대부터 인간의 모든 문명은 벽화를 통해 전하거나 남기고 싶은 내용을 기록했다. 멕시코의 고대 문명도 '벽화의 신전'이라 불리는 보남팍Bonampak 유적을 비롯해 다양한 벽화를 남겼다. 중세 유럽의 벽화는 무지한 시민에게 성서의 내용을 알리는 도구로만 사용됐는데, 에스파냐

(왼쪽부터) 멕시코국립자치대학교(UNAM) 중앙도서관 벽화, 68 학생 운동 기념 벽화, 아파트 벽에 그려진 벽화

정복자도 그들의 종교를 전파하기 위한 목적으로 벽화를 사용했다. 혁명 이후 멕시코의 벽화 운동도 이런 사회적 필요에 따라 만들어진 예술이었다.

당시 유럽에서는 후기 인상주의를 거쳐 20세기 초 표현주의가 유행하고 있었고, 멕시코의 화단도 유럽의 화풍을 답습하던 상태였다. 그러나 멕시코 혁명 정부는 유럽 화단의 '일부만을 위한' 그림은 사회적으로나 도덕적으로나 긍정적인 효과를 주지 못할 것이라고 생각했다. 그래서 그림을 통해 누구나 혁명의 정신과 비전을 쉽게 이해할 수 있는 '사실적인 민중 예술'을 요구했고, 이에 동조한 예술가에 의해 벽화 운동이 시작된 것이다. 그들은 지난 300년간 백인의 주도로 지어진 유럽풍 건물의 벽에 그동안 소외됐던 원주민과 메스티소의 문화·역사를 그려 넣었다. 이와 같이 아메리카 원주민의 정체성을 나타내고자 하는 '인디헤니스모Indigenismo' 정책은 당시 멕시코 인구의 절반 이상을 차지한 메스티소를 중심으로 분열된 멕시코 사회를 통합하고자, 메스티소와 그들의 반쪽인 원주민의 이미지를 강조한 것이다. 고대 문명을 창조한 위대한 선조의 모습을 시각화해서 자신들만의 고유한 가치를 강조하면서 하나로 통합된 멕시코를 만들어 내고자 했던 것이다.

혁명 정부는 당시 멕시코의 대표적인 다섯 명의 젊은 화가인 로베르토 몬테네그로Roberto Montenegro, 라몬 알바Ramón Alva, 디에고 리베라Diego Rivera, 호세 클레멘테 오로스코José Clemente Orozco, 다비드 알파로 시케이로스David Alfaro Siqueiros에게 민중 벽화 제작을 의뢰했다. 이들은 모두 사회주의 성향의 개혁적 이념을 가진 예술가로 멕시코 원주민의 기원과 에스파냐 정복사, 혁명과 미래의 비전 등 민중을 계몽할 수 있는 벽화를 그렸다. 그러나 그들 모두가 같은 생각을 갖고 있었던 것은 아니다. 리베라가 혁명 정부의 사상에 적극적으로 동의했다면, 오로스코는 비판적인 생각으로 혁명의 부정적 요소를 제시했고, 시케이로스는 마르크스주의에 충실한 사회주의적 미래를 표현했다. 멕시코 벽화 운동은 서로 상이한 사상의 결합으로 나타났다.

이렇게 민중에게 혁명의 의도를 전달하고 민족의 화합을 이끌어 내기 위해 시작된 멕시코의 벽화 운동은 미국, 구소련뿐만 아니라 20세기 후반 여러 나라에 영향을 주는데 특히 같은 영향권인 라틴아메리카 국가 대부분에서 벽화가 발전하는 계기가 됐다.

디에고 리베라(Diego Rivera)

멕시코의 대통령궁인 국립 궁전Palacio Nacional에는 멕시코 벽화 운동의 선봉인 디에고 리베라의 벽화가 그려져 있다. 대통령궁 벽화를 보기 위해서는 이른 아침부터 줄을 서야 한다. 매일 선착순으로 정해진 인원만 벽화를 감상할 수 있기 때문이다. 치안이 좋지 않기로 유명한 멕시코에서 관광객에게 대통령궁을 선뜻 개방한다는 것이 믿기지가 않았는데, 정말 선착순으로 신분증(여권)을 맡기고 명패를 착용한 후 해설사와 함께 대통령궁에 입장할 수 있었다. 오늘날 대통령궁으로 사용되는 이 국립 궁전은 원래 아스테카의 왕 목테수마 2세의 왕궁이 있던 곳이다. 이후 에스파냐 정복자가 목테수마 2세의 왕궁을 허물고 그 돌을 이용해 총독 관저를 지었다. 독립 후에는 대통령궁으로, 20세기에 들어서는 정부 청사로 사용하다가 2018년 안드레스 마누엘 로페스 오브라도르가 대통령으로 당선된 이후 다시 대통령궁이 됐다.

대통령궁이라고는 하지만 큰 제약 없이 해설사의 설명과 함께 자유로운 분위기에서 관람할 수 있었다. 드디어 2층으로 오르는 계단의 정면과 양 옆면에 그려진 리베라의 벽화를 마주했다. 정면에는 에스파냐의 정복 시기부터 현재까지를 그려 넣었고 왼쪽에는 마르크스주의에 의한 멕시코의 미래, 오른쪽에는 멕시코의 고대 문명에 관한 그림이 그려져 있다. 총 세 면의 벽에 너무 많은 그림이 빼곡하게 그려져 있어 그 의미를 파악하기가 쉽지 않다. 또 벽화의 묘사는 매우 사실적이라 현대 미술에 익숙한 사람이라면 만화 같다는 인상을 받을 수도 있을 것 같다. 그러나 그림 하나하나의 의미를 이해할수록 벽화를 완성하기 위한 디에고 리베라의 고심을 헤아릴 수 있다. 오랜 멕시코의 역사 가운데 어떤 내용을 그릴 것인가? 이야기와 글로만 전해진 멕시코의 고대 문명을 어떻게 그림으로 나타낼 것인가? 그리고 혁명 이후 어지러운 상황을 벗어난 미래의 이상적인 멕시코는 어떤 나라여야 할까? 그가 이 그림을 완성하기까지 22년의 세월이 필요했던 이유를 알 것 같았다.

멕시코 대통령궁에 그려진 디에고 리베라의 벽화

    이후 리베라는 1943년부터 1951년까지 국립 궁전의 2층 벽면에 멕시코 원주민과 관련된 벽화 10점을 더 그렸고, 더 많은 벽화를 계획했다. 그러나 건강이 악화된 리베라가 사망하면서 2층 벽에는 아직 그의 손길을 기다리는 빈 자리가 남아 있다. 2층 벽화의 윗부분은 프레스코(건조되지 않은 석회 벽 위에 수채 물감으로 그림을 그려 안료가 석회에 스며들게 그리는 기법) 화법으로, 아랫부분은 회색 계통으로만 이루어진 그리자유Grisaille 화법으로 그려져 있다. 특히 틀라텔롤코 시장 벽화는 너무도 생동감 있게 표현해 마치 당시의 실제 모습을 보는 것 같은 착각을 불러일으킨다.

    디에고 리베라는 1886년에 탄광으로 유명했던 멕시코 중서부의 과나후아토에서 태어났다. 어려서부터 그림에 재능을 보여 10세에 산 카를로

틀라텔롤코 시장 벽화

미술원에 입학해 6년간 미술 교육을 받았다. 1907년 정부 장학금으로 에스파냐로 유학을 떠나지만 에스파냐 예술에 만족하지 못하고 당시 미술의 중심지던 파리에 정착했다. 그리고 그곳에서 파블로 피카소, 조르주 브라크와 교류하며 큐비즘(입체주의) 운동에 참여했으나 파리 화단에 정착하지 못하고 1921년 멕시코로 돌아왔다.

멕시코로 돌아온 리베라는 유카탄반도를 여행하며 체험한 원주민의 삶에 관심을 갖게 되면서 멕시코의 고대 문명을 탐구하기 시작했다. 이후 시케이로스 등과 함께 미술가 협회를 결성하고 당시 일기 시작한 민중 혁명에 동조하며 벽화 운동에 참여한다. 그의 벽화는 멕시코 민중을 향한 애정이 넘쳐난다. 디에고 리베라는 민족의 뿌리에 대한 자긍심과 변화를 바라는 민중의 마음을 대변하고, 대외적으로는 서유럽의 회화 전통을 멕시코의 전통에 결합시키며 라틴아메리카의 미술을 세계에 알리는 역할을 했다고 평가된다.

그러나 오늘날 디에고 리베라는 멕시코 초현실주의 화가인 프리다 칼로Frida Kahlo의 남편으로 더 유명하다. 프리다 칼로의 기구한 삶, 디에고와의 결혼 생활 그리고 그녀만의 독특한 회화 표현 방식으로 그녀에 대한 세간의 관심이 커졌기 때문이다. 2002년 할리우드는 프리다 칼로의 일생을 다룬 영화 〈프리다〉를 제작했고, 그녀를 주인공으로 한 애니메이션도 준비 중이라고 한다. 국내에서도 그녀의 이야기를 다룬 창작 뮤지컬 〈프리다〉가 공연됐을 만큼 프리다 칼로는 오늘날 20세기 멕시코의 예술과 페미니즘을 대표하는 아이콘이 됐다.

눈길을 사로잡는 해골, '죽은 자의 날'

멕시코의 거리를 걷다 보면 유독 눈에 띄는 것이 있다. 바로 '해골'이다. 상표가 아예 해골 모양인 제품도 있고, 해골 디자인은 다양한 제품에 사용된다. 옷 가게의 마네킹도 해골 모양인 경우가 많다. 왜 이렇게 섬뜩한 해골이 많은 것일까?

멕시코 한 박물관의 해골 마네킹

멕시코인이 해골과 이토록 친숙한 이유는 '죽은 자의 날Día de Muertos'과 연관이 있다. 죽은 자의 날은 10월 31일부터 11월 2일까지 3일간 진행되는 멕시코의 기념일이다. 아스테카 문명의 죽음의 여신인 믹테카시우아틀을 숭배하는 풍습에서 유래한 것이다. 고대 아스테카인은 제의를 지내면 죽은 영혼이 이승을 방문할 수

포사다의 〈카트리나 해골〉**4**

있디고 믿었다. 그들의 이런 풍습이 가톨릭의 11월 1일 '만성절'(모든 성인 대축일)과 11월 2일 모든 죽은 이를 기억하는 '위령의 날'과 결합해 생겨난 기념일이 '죽은 자의 날'인 것이다.

멕시코인은 바로 이날 죽은 영혼이 1년에 한 번 이승의 가족이나 친구를 만나기 위해 찾아온다고 믿는다. 거리를 색색의 종이로 치장하고 각 가정에서는 죽은 이를 위해서 죽은 자의 사진, 설탕으로 만든 해골 장식물, 음식 등을 준비한다. 그리고 주황색 멕시코 국화Tagetes erecta로 제단을 장식하고 꽃잎을 거리에 뿌려 영혼이 꽃잎을 밟으며 집으로 찾아오도록 한다. 해골 장식품은 아스테카 전통의 영향이다. 아스테카인에게 해골은 전쟁의 전리품인 동시에 죽음과 부활을 모두 상징하기 때문에 제의에 반드시 놓아두었던 것이라고 한다.

죽은 자의 날에는 죽은 이를 기억하고 애도하면서도, 산 자가 흥겨운 노래에 맞춰 춤을 추고 술을 마시며 즐거워하고 해골 분장을 한 채 밤새 거리를 돌아다니기도 한다. 이날만큼은 산 자와 죽은 자가 서로 구분되지 않는다고 믿기에 영혼이 함께 즐기다 가기를 바라는 것이다. 죽음을 끝이 아니라 또 다른 시작이라 믿으며 삶과 구별하지 않으려는 멕시코의 토착 신앙이 반영된 문화다.

2017년 디즈니와 픽사가 제작한 애니메이션 영화 〈코코〉가 개봉했다. '죽은 자의 날'을 배경으로 하는 이 영화는 죽은 자의 날이 갖는 의미와 멕시코인의 가족애를 잘 나타낸다. 〈코코〉를 본 사람이라면 아마도 멕시코에서 흔히 보이는 해골이 친근하게 느껴질 것이다.

한편 이 해골 형상을 본격적으로 유행시킨 것은 호세 과달루페 포사다 아길라르José Guadalupe Posada Aguilar(1852~1913)라는 멕시코의 석판화 화가다. 그는 '죽은 자의 날'에 볼 수 있는 두개골과 뼈로 된 인간을 주인공으로 등장시켜서 상류층이나 정치를 풍자하는 그림을 그렸다. 그의 작품 중에서 가장 유명한 것은 〈카트리나 해골La Calavera Catrina〉이라는 작품으로, 꽃과 큰 깃털로 장식된 화려한 모자를 쓴 해골 여성 그림이다. 이는 멕시코의 전통보다 유럽 문화를 따라

하던 당시 멕시코의 상류층을 풍자한 것으로, 오늘날 죽은 자의 날을 대표하는 이미지로 사용된다.

디에고 리베라는 〈어느 일요일 오후 알라메다 공원에서의 꿈Sueño de una Tarde Dominical en la Alameda Central〉이라는 그의 유명한 벽화의 중앙에 자신을 카트리나의 손을 잡은 어린 아들로 등장시킨다. 이는 디에고가 인민 예술의 원조인 포사다에 대한 존경심으로, 자신을 포사다와 카트리나의 아들로 선언한 것을 의미한다.

멕시코의 죽은 자의 날은 2008년에 유네스코 인류 무형 문화유산 목록에 등재됐다.

디에고 리베라의 벽화 〈어느 일요일 오후 알라메다 공원에서의 꿈〉에서 카트리나의 손을 잡고 있는 어린 디에고와 뒤에 서 있는 프리다 칼로5

한 권으로 읽는 라틴아메리카 이야기

마리아치,
멕시코인의 사랑

　오래전 멕시코의 아카풀코를 방문한 적이 있다. 당시 멕시코에서 유명한 휴양 도시였기 때문인지 거리마다 마리아치가 넘쳐났다. 연주 수준도 매우 높았던 것으로 기억한다. 특히 트럼펫은 우리와 전혀 다른 주법으로 연주해서 거친 듯하지만 때로는 한없이 부드러웠다. 마치 노래하듯 자유자재로 연주하던 모습을 생생하게 기억한다. 그런데 이번에 다시 멕시코를 찾아 여러 날 머무는 동안은 기대와 달리 마리아치를 보기가 쉽지 않았고, 더러 마주하게 된 마리아치의 연주도 기대에 미치지 못했다. 이제 마리아치의 인기가 전과 같지 않구나, 하는 생각이 들었다. 한편으로는 우리나라의 음악 수준이 너무나 높아졌기 때문에 그들의 연주가 상대적으로 부족하게 느껴지는 것은 아닐까 싶었다. 그래서 마리아치의 전성기이자 녹음 기술이 어느 정도 발달한 시기인 1940~1960년대 마리아치의 음반을 찾아 들어봤다. 당대 최고 마리아치의 음반이라는 점을 감

가리발디 광장에서 연주하는 마리아치

한 권으로 읽는 라틴아메리카 이야기

안해 오늘날의 저명한 연주자들과 비교하며 들었음에도 마리아치의 실력은 절대 뒤처지지 않았다.

마리아치를 만나지 못해 아쉬운 마음에 멕시코시티에서 오랜만에 만난 친구에게 물으니 가리발디 광장에 가보라고 권한다. 거기에 가면 마리아치를 볼 수 있다고.

어느 토요일, 일명 '마리아치의 광장'이라 불리는 멕시코시티 가리발디 광장을 찾았다. 젊은 청년이 나이가 지긋한 여성을 광장의 벤치에 앉히고, 근처에 있던 몇몇 마리아치를 불러 반주를 부탁한 뒤 열창을 한다. 아마도 어머니가 좋아하는 노래를 직접 불러드리는 것 같았다. 광장 가운데서도 가족으로 보이는 무리가 휠체어에 노모를 모시고 와서 마리아치의 연주를 청해 듣고 있었다.

가리발디 광장은 멕시코시티의 마리아치가 모이는 장소다. 마리아치의 연주를 듣고 싶은 사람이 찾아와 연주를 청하기도 하고, 마리아치가 연주할 장소로 함께 떠나기 위해 모이거나, 아직 마땅한 장소를 찾지 못한 경우에는 의상을 갖추어 입고 악기와 함께 누군가의 부름을 기다리는 곳이다. 가리발디 광장에서 연결된 큰길 옆으로 전설적인 마리아치의 동상이 줄지어 서 있고, 골목 안으로는 마리아치 학교도 보인다. 광장 한쪽의 카페나 식당에서 연주하는 마리아치의 음악 소리가 사방에서 들린다. 이제 진짜 멕시코에 왔구나, 하는 생각이 들었다. 멕시코를 여행해 본 사람이라면 멕시코가 진정 음악을 사랑하는 나라임을 쉽게 느낄 수 있다. 언제 어디서나 음악 소리가 들리고 흥이 넘쳐난다. 아쉽게도 예전과 같이 마리아치가 그 흥을 전부 주도하지는 않지만 마리아치는 그들 삶의 중요한 순간에 언제나 함께했다. 길거리, 광장, 식당, 결혼식, 장례식, 축제 등 어디에서나 마리아치의 음악은 멕시코인들의 삶과 뗄 수 없는 관계였다.

마리아치는 단순히 흥을 돋우는 차원을 넘어 자신들의 고향과 자연, 신앙, 관습 등 지역적 정체성을 나타내며 지역의 유대를 강화하는 역할을 해왔다. 그렇기 때문에 멕시코 사람은 마리아치를 고향에 대한 사랑의 표현이자 뿌리 깊은 전통으로 여긴다. 이처럼 마리아치는 멕시코의 전통 음악이자 멕시코 문화의 근간이라 할 수 있다.

오늘날 마리아치는 크게 두 가지로 나눌 수 있다. 멕시코 중서부의 과달라하라에서 시작된 '전통 마리아치'는 두 명 이상의 연주자로 구성되며 지역의 전통 의상을 입고 바이올린, 하프, 비우엘라, 기타론 등의 현악기 위주로 연주하는데 관악기는 편성에 포함하지 않는다. 주로 종교 음악을 연주했지만 점차 세속 음악도 연주하고 있다. 반면 '현대적 마리아치'는 1930년대 멕시코 정부가 추구한 국가주의 정책에 의해 멕시코시티에서 시작됐는데, 전통 마리아치가 사용하는 현악기 외에도 트럼펫 등을 추가해서 네 명 이상의 연주자로 구성된다. 이들은 '트라헤 데 차로Traje de Charro'라 불리는 멕시코 전통 승마복을 변형한 재킷과 은장식과 기하학 무늬가 그려진 바지 그리고 발목 높이의 부츠, 장식이 화려한 솜브레로 Sombrero(챙이 넓은 모자) 등을 착용한다.

예전과 달리 요즘은 여성 마리아치도 많이 보인다. 전통 마리아치는 아버지가 아들에게 대물림하는 형태로 이어졌다. 음악은 악보를 통한 것이 아닌 귀로 듣고 따라 하는 방식으로 전수됐고, 음악뿐 아니라 구술과 몸동작까지 가르치며 축제나 종교 행사, 민간 행사 등 실전 공연을 통해 전승하는 방식이었다.

마리아치 음악은 멕시코 혁명을 거치면서 변화하고 발전했다. 혁명 당시 많은 마리아치가 혁명군을 따라다니며 군악대 활동을 했고, 후글라르 Juglar(음유 시인)가 돼 혁명 영웅을 예찬하기도 했다. 이 혁명을 통해 마리아치는 자연스럽게 멕시코 전역으로 퍼져 나갔고, 이후 각 지역의 정체성을 나타내는 음악으로 발전하며 멕시코의 전통 음악으로 정착하게 된다. 혁명에 성공한 혁명 정부는 새로운 스타일의 음악을 추구했는데, 때마침 발전한 매스미디어의 영향으로 현대적 마리아치가 발전하게 됐고 연주하는 음악도 다양해진다.

초기의 마리아치는 노래를 부를 때 벨칸토 발성을 사용했다. 벨칸토 발성이란 가톨릭교회 성가대를 통해 1,000여 년간 전해져 온 발성법으로, 17세기 유럽의 오페라가 생겨나면서 그 기량이 크게 발전했다. 당시 오페라 가수는 마이크 없이 오직 사람의 목소리만으로 오케스트라 반주를 뚫고 극장 끝까지 소리와 가사를 정확하게 전달해야 했다. 이 요구에 맞추어 만들어진 것이 벨칸토 발성으로 오늘날 성악가들이 사용하는 발성법이다.

마리아치는 걸어 다니며 교회, 광장, 길거리, 식당, 행사장에서 노래하고 연주했다. 당시에는 마이크가 존재하지 않았고 그들은 자신들의 노래를 정확하고 아름다운 소리로 전달할 방법이 필요했다. 마리아치 연주의 시작이 가톨릭교회의 종교 음악이었으니 아마도 교회를 통해 자연스럽게 노래와 발성법을 배웠을 것이라 추측할 수 있다. 1940~1960년대 유명한 마리아치의 음반을 들으면 당대 최고의 성악가와 견주어도 발성에 손색이 없다. 더욱이 그들은 오페라처럼 역할에 충실한 노래가 아니라 자신들의 감정을 담은 곡을 스스로 만들어 불렀기 때문에 감성적 표현

또한 완벽했다. 20세기 마리아치를 대표하는 싱어송라이터인 호세 알프레도 히메네스의 초기 음원을 들어보면 그들의 발성과 노래가 얼마나 수준 높았는지 이해할 수 있다.

아직도 그들은 광장, 거리, 식당, 행사장 등에서 연주한다. 불행히도 옛날처럼 완벽한 발성법과 연주 실력을 가진 마리아치를 찾기는 힘들었다. 그럼에도 멕시코인의 마리아치 사랑은 여전하다. 식당에서 마리아치가 연주하고 노래를 부르면 대부분의 사람들이 열광적으로 따라 부르며 호응한다. 휠체어를 탄 노모를 모시고 광장에 나와 마리아치의 음악을 청해 듣는 가족의 모습에서 그들이 마리아치를 얼마나 사랑하는지를 엿볼 수 있었다.

마리아치의 연주에 맞춰 열창하는 식당 손님들

2장

페루

Perú

마추픽추를 세운
잉카인의 통치술과 건축술

페루를 찾는 여행자라면 마추픽추Machu Picchu를 그냥 지나칠 수 없을 것이다. 마추픽추에 가기 위해서는 쿠스코Cusco에서 오얀타이탐보로 간 뒤 기차를 타고 아구아스 칼리엔테스로, 그리고 거기서 다시 버스로 구불구불한 산길을 올라가야 한다. 교통수단이 발달한 지금도 결코 쉽지 않은 여정이다. 마추픽추는 잉카Inca 제국 사람들이 건설한 계획도시로 1450년에 세워진 것으로 추정된다. 지금까지도 접근이 어려운 해발 2,400m의 고산에 무려 수백 년 전 이처럼 정교한 도시를 지을 수 있었다는 게 놀랍다. 도시를 건설하기 위해서는 기술력은 물론이고 인력을 동원할 힘이 있어야 할 텐데, 도대체 잉카 제국은 얼마나 강력했던 것일까?

잉카 제국은 오늘날의 콜롬비아 남서부, 에콰도르, 페루, 볼리비아 남서부, 칠레 북부와 아르헨티나 북서부 6개국에 걸친 광대한 영토를 통치

한 권으로 읽는 라틴아메리카 이야기

했다. 잉카는 케추아어로 '왕'이라는 뜻으로, 잉카 제국은 왕이 다스리는 나라를 말한다. 잉카 제국의 공식 명칭은 타완틴수요Tawantinsuyo였는데 이는 케추아어로 '네 개의 지역'이라는 뜻이다. 따라서 잉카 제국은 쿠스코(잉카 제국 시절의 이름은 코스코Qosqo)를 수도로 하고, 네 개의 영토 즉 북쪽의 친차수요, 남쪽의 코야수요, 동쪽의 안티수요, 서쪽의 콘티수요로 구성됐다.

잉카 제국은 1200년경 전설적 인물인 망코 카팍이 세운 쿠스코에서 시작됐다. 부족 국가였던 잉카 제국은

잉카 제국(타완틴수요)의 영토

1438년에서 1471년까지 통치한 파차쿠텍Pachacútec 왕 시기부터 제국의 형태를 갖추기 시작한다. 막강한 군사력을 자랑하던 창카족이 쿠스코를 침략했을 때였다. 당시 쿠스코 왕자였던 파차쿠텍이 아버지를 대신해서 창카족을 물리치고, 제국의 틀을 갖춘 것이다. 쿠스코는 지속적으로 영토를 확장해 나가기 시작했다. 이후 잉카 제국은 투팍 유판키 왕, 우아이나 카팍 왕의 시대를 지나면서 영토를 남북으로 크게 확대했다. 우아

이나 카곽은 특히 잉카 제국의 영토를 최대로 확장한 왕이었다. 남쪽으로 방대한 땅을 정복했을 뿐 아니라, 북쪽으로 키토(지금의 에콰도르 수도)와 콜롬비아 남부까지 세력을 확장했다. 우아이나 카곽은 수백 명의 자녀를 두었는데 그중 두 아들, 우아스카르와 아타우알파가 특히 주목을 받았다. 그런데 잉카 제국이 영토를 확장해 나가는 과정에서 우아스카르는 쿠스코에 남아 있었고, 아타우알파는 키토에서 아버지와 함께 전쟁에 참여하며 세력을 키웠다. 이렇게 세력이 둘로 나뉜 상황에서 우아이나 카곽은 유럽에서 전파된 천연두를 앓다가 세상을 떠났다. 제국의 법에 따라 본처의 자식인 우아스카르가 왕위를 이어받고, 아타우알파는 키토를

쿠스코 전경

한 권으로 읽는 라틴아메리카 이야기

통치하게 됐다. 그러나 아타우알파는 키토에 만족하지 않고, 잉카 제국의 황제가 되길 원했다. 결국 두 아들이 왕권을 놓고 전쟁을 벌였는데 여기에서 승리한 아타우알파가 1532년 잉카 제국의 왕이 됐다. 그리고 그는 이복동생인 우아스카르를 포로로 잡아두었다. 힘든 과정을 거쳐 왕위에 올랐던 아타우알파는 1년 후에 에스파냐 정복자에 의해 처형된다. 에스파냐의 식민 지배 속에서 잉카인은 18세기까지도 종종 반란을 일으키곤 했지만 결국 끝까지 과거의 영광을 회복할 수 없었다.

잉카 문명은 안데스산맥에서 생겨난 수많은 원주민 문화 중 하나였다. 잉카 문명에는 앞서 안데스 지역에 존재했던 다양한 문화의 특성이 녹아 있었다. 넓은 지역을 통치함으로써 이러한 지역 문화 간에 어느 정도 통일성을 가져왔다. 1500년대에 잉카 제국의 인구는 900만 명에 달했다. 어떤 연구에서는 2,000만 명 이상이 살았다고도 한다. 어쨌든 당시 잉카 제국은 상당한 인구를 거느리고 있었다. 신전은 금으로 장식돼 있어 태양이 비치면 그야말로 황금 제국과 같았다. 에스파냐인이 황금을 모두 떼어갔지만, 개인적으로는 지금의 쿠스코에서도 황금 제국의 영광을 느낄 수 있었다. 낮에는 붉은빛 흙과 흰색으로 어우러진 건물의 고귀함이, 밤에는 노란색 조명으로 만들어 내는 화려함이 황금에 견주어도 손색이 없다. 어쩌면 고산 증세로 인한 어지러움과 몽롱함이 쿠스코를 더욱 환상적으로 보이게 했을지도 모르겠다.

그런데 잉카 제국이 제국으로서 영광을 누린 것은 사실상 100년 정도밖에 되지 않는다. 잉카 제국은 어떻게 짧은 시간 내에 큰 성장을 이룰 수 있었을까? 어떻게 독자적 문화를 이룬 부족들을 조직적으로 다스릴 수 있었을까?

잉카의 태양 신전 코리칸차. 현재는 코리칸차의 기단 위에 에스파냐인이 지은 산토 도밍고(Santo Domingo) 성당이 있다.

중앙 정부를 중심으로 한 권력과 체계적으로 조직된 행정 시스템, 종교와 언어의 통일 그리고 뛰어난 기술력 등은 잉카 제국의 통치와 확장에 중요한 역할을 했다. 우선 정치적으로는 왕에 의한 중앙 집권적 시스템을 형성했다. 잉카, 즉 왕은 신과 같은 존재였다. 신하는 왕의 얼굴을 볼 수 없었으며 왕의 배설물까지도 신성하게 여겨졌다. 왕은 죽어서도 미라가 돼 그 신성함을 유지했다. 부패를 방지하기 위해 다양한 허브를 활용해 만든 왕의 미라는 계속 궁궐에 보관됐다. 그리고 각 왕이 정복한 지역의 공물은 죽은 후에도 왕의 가족에게 바쳐졌다. 따라서 새롭게 왕이 된 자는 자기에게 공물을 바칠 만한 새로운 지역을 정복해야 했다. 이는 잉카 제국의 왕이 왜 그렇게 정복 활동에 열심이었는지를 설명해 주는 하나의 요소다(최명호, 2010).

잉카 제국은 군사력 또한 막강했다. 이들은 다른 부족을 점령한 후 그

지역에 행정관을 배치하고 잉카식 통치 구조를 이식했다. 잉카 제국 사회의 기본 단위는 씨족 공동체인 아이유Ayllu였는데, 한 조상의 후손들로 서로 밀접하게 연결된 가구로 구성됐다. 아이유는 중앙 정부로부터 토지를 임대받았고, 이 토지를 태양신의 몫, 잉카(왕)의 몫, 공동체의 몫으로 나누어 경작했다. 태양신의 땅에서 난 생산물은 태양 신전 유지 등을 위해 사용했고, 잉카의 땅에서 난 생산물은 주로 귀족이나 군대를 부양하기 위해 쓰였다. 25~50세의 남성은 부역의 형태로 납세의 의무를 졌기 때문에 잉카의 남성들은 농사, 도로 및 교량 건설을 위한 공공사업에 동원됐다.

잉카인은 창조신인 비라코차Viracocha를 숭배했고, 태양신 인티Inti를 섬겼다. 잉카(왕족)는 인티를 자신들의 조상이라고 주장했다. 잉카 제국은 점령지 사람으로 하여금 잉카의 태양신을 최고신으로 모시게 했다. 한편 잉카인은 범상치 않은 물건, 존재, 장소 등을 모두 우아카Huaca라 부르며 섬겼다. 잉카 제국 전역으로 41개의 보이지 않는 선線인 세케Ceque가 뻗어 나가고, 그 선상에 우아카들이 위치하는 것이다. 그리고 세케의 중심에는 쿠스코의 태양 신전 코리칸차Coricancha가 있었다. 그래서 쿠스코는 우아카들의 중심이면서 또한 그 자체로 우아카였다.

쿠스코는 '배꼽'이라는 의미를 갖는데, 이는 쿠스코가 곧 세계의 중심이라는 것을 뜻한다. 쿠스코는 성스러움이 발현돼 세상으로 뻗어 나가는 축이었다. 사제는 기도, 인신 공희, 예언 의식 등을 행했을 뿐 아니라 천문 현상을 관찰하고 해석하는 일, 주술의 힘으로 병을 치료하는 일 등 과학 기술과 관련된 일도 담당했다.

잉카인은 또한 피정복민에게 잉카 제국의 언어인 케추아어를 가르쳤다. 잉카 제국이 정복한 영토에는 다양한 부족이 존재했고, 그들의 언어

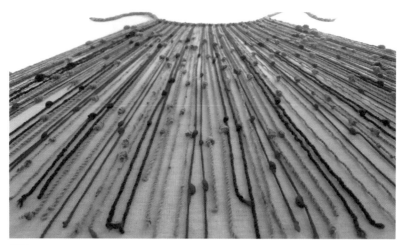

키푸**6**

역시 매우 다양했기 때문이다. 그뿐만 아니라, 점령한 지역의 왕자를 쿠스코로 데려와 잉카식 교육을 받도록 했다. 왕자를 쿠스코에 두어 점령지에서 반란을 일으키지 못하도록 한 것이다. 또한 반란의 조짐이 보이는 점령지의 주민을 아주 먼 지역으로 이주시켜 버렸다. 이와 같은 방법을 통해 쿠스코는 수많은 지역을 정복해 나가면서도 반란을 피했다.

한편 케추아어에는 문자가 없었다. 대신 잉카 제국에서는 매듭 문자인 키푸Quipu를 활용했다. 키푸는 두꺼운 줄이나 나무 막대기를 수평으로 놓고, 그 아래로 끈을 매는 형태로 돼 있었다. 이때 끈의 색상과 굵기, 매듭의 위치와 형태 등에 따라 다양한 정보를 기록할 수 있었다. 예를 들어 끈의 색깔은 기록의 대상이 무엇인지를 나타냈는데 노란색은 황금, 하얀색은 평화, 빨간색은 군대, 진홍색은 잉카, 검은색은 시간을 가리킨다. 끈의 색이 한정적이었기 때문에 하나의 색깔이 여러 가지 의미를 갖기도 했다. 이러한 방식으로 인구, 재고량, 생산량과 생산 품목, 토지의 분배, 전쟁 상황 등 행정과 관련된 각종 사항을 기록했다. 키푸는 수치를 표현하는 단순한 기능 외에 언어적 설명과 다양한 사건의 시간적 순서를 기록하는 데에도 사용됐다. 이를 위해서는 전문적인 지식이 필요했다. 따라서 키푸카마욕Quipucamayoc을 세워 국가 통계 및 역사적 사건 기록 등의 일을 담당하도록 했다(Torres, Guzmán, 2012).

이처럼 잉카 제국은 잉카식 행정 구조, 종교, 언어 등을 정복지에 심는 것으로 통치 지역을 통합해 나갔다. 무엇보다도 넓은 지역을 통치하기 위해서는 먼 지역의 소식을 왕에게 신속히 전달하고 교역이나 군사에 활용할 도로망과 통신망이 필요했다. 잉카 제국은 카미노 레알Camino Real이라는 왕의 길(왕도)을 만들었다. 카미노 레알에는 산맥 도로와 해안 도로가 있었는데, 산맥 도로는 총길이가 약 5,200km, 해안 도로는 약 4,200km에 달했다. 도로의 폭은 다양했다. 1m 정도로 매우 좁은 곳도 있었고, 7m 이상으로 넉넉한 곳도 있었다. 이 도로를 활용해 통신망도 촘촘하게 구성했다. 우선 약 20~30km 간격으로 탐보Tambo라는 역을 세웠는데, 이곳에는 창고와 차스키가 묵는 숙박 시설이 있었다.

차스키Chasqui는 메시지를 전달하는 사람으로, 릴레이 형식으로 왕도를 전력 질주해서 메시지를 전했다. 첫 주자는 키푸를 담은 작은 가방과 조개껍데기로 만든 나팔 푸투투Pututu를 들고 출발했다. 다음 역에 도착하기 직전에 자신의 위치를 알리기 위해 푸투투를 불었고, 다음 주자는 이 소리를 듣고 출발을 준비했다. 잉카 제국에서는 이러한 방법을 통해 먼 지역의 소식도 금방 전달할 수 있었다. 차스키 제도는 촘촘하고 일사불란하게 운영됐다. 차스키는 보안을 유지하며 중요한 메시지를 전해야 했기 때문에 귀족 출신 남성으로 선발했고, 정보 전달에 실수가 생기면 사형에 처했다.

잉카 제국의 경제는 집약적 관개 농업을 기반으로 했다. 고산 지역에서 농사를 짓기 위해 잉카인은 '안데네스Andenes'라고 하는 계단식 농경지를 만들었다. 가파른 산지를 깎아 평평하게 만들어 경작한 것이다. 잉카인이 이 농법을 개발한 것은 아니었지만, 영토를 확장해 나가면서 피정복민에게 이를 전파했다.

계단식 농법은 우선 경작지의 면적을 확대할 수 있다는 장점이 있다. 우기에 산길을 따라 형성된 급류가 경작지와 주거지를 덮치는 피해를 줄이는 데도 효과적이었다. 농경지가 햇빛을 더 오래 받을 수 있었으며, 작물에 서리가 끼는 것도 어느 정도 막아줬다. 또한 관개 수로를 놓아 각 층의 밭에 물을 골고루 공급할 수 있었다.

잉카인은 같은 땅에 여러 가지 농작물을 돌려가며 재배하는 윤작을 행했고 알파카나 야마 같은 안데스의 낙타과 동물과 기니피그가 만들어 내는 천연 비료를 사용했다. 낮고 따뜻한 계곡에서는 면화, 코카나무, 콩과 같은 작물을 재배했고, 그보다 조금 높은 지대에서는 옥수수를, 고지대에서는 감자와 퀴노아를 재배했다.

실험을 통해 고도에 따라 달라지는 기후와 토양의 질에 적합한 작물에 대해 연구했고, 작물을 고도에 적응시키기도 했다. 그 결과 오늘날 페루에는 약 4,000종의 감자가 존재한다. 베네수엘라에서 아르헨티나에 이르기까지 오늘날에도 계단식 농경지를 쉽게 볼 수 있다. 현재까지도 사용되는 밭이 있는가 하면 버려진 것도 많이 있는데, 버려진 채 수백 년이 흐른 밭도 거의 온전한 형태를 유지한다. 잉카인의 기술력이 얼마나 정

모라이(Moray)에 있는 계단식 농경지. 일종의 농업 실험장이었다.

교했는지를 확인할 수 있다.

잉카인은 정교한 석조 기술을 갖고 있었다. 수백 년이 지난 지금도 쿠스코에는 다양한 석재 건축물 유적이 남아 있다. 잉카인이 남긴 문자 기록이 없어 건축 과정을 정확하게 파악하기는 어렵지만 완성되지 못한 채 남겨진 건축의 흔적, 에스파냐 정복자의 기록 등을 통해 일부를 엿볼 수 있다.

평민의 집은 작은 돌을 쌓아 올려 지었지만, 종교적·정치적으로 중요한 의미를 갖는 건축물은 거대한 돌을 활용해 짓곤 했다. 계획이 세워지면 건축에 사용할 돌을 채석장에서 운반해 왔다. 색깔과 품질 등을 고려해 엄선한 수십 혹은 수백 톤에 달하는 돌을 건축지로부터 가까우면 10

잉카인의 석조 기술을 엿볼 수 있는 12각 돌

㎞, 멀면 1,000㎞ 이상 떨어진 곳에서 가져왔다. 당시 잉카에는 소나 말처럼 힘센 동물이 없었고 바퀴도 사용하지 않았기 때문에 이 모든 일을 온전히 사람의 힘으로 해야 했다. 하나하나 정성껏 고른 돌을 운반한 다음 돌의 접촉면을 정교하게 다듬었다. 돌을 동일한 크기로 자르기보다는 저마다 다른 각을 가진 돌이 서로 들어맞도록 정교하게 다듬어서 활용했다. 돌이 연결된 부분으로는 종이 한 장도 들어가지 않을 정도였다. 또한 튼튼하기까지 해서 심한 지진도 버틸 수 있었다. 1950년 쿠스코 대지진 때 에스파냐 정복자가 건설한 건축물은 많이 파괴됐으나, 잉카인의 건축물은 거의 손상되지 않았다. 놀라운 사실은 당시 잉카인이 사용했던 도구는 돌망치, 청동 끌, 손도끼, 깃털 등에 불과했다는 것이다. 말하자면 잉카인은 장비보다는 기술에 의존했다고 할 수 있다.

잉카인의 건축물 중 가장 유명한 것은 아마도 마추픽추일 것이다. 마추픽추는 쿠스코 북쪽 우루밤바 계곡 산봉우리에 형성된 계획도시다. 해발 2,400m에 위치하며 산봉우리가 주변을 감싸고 있어 밖에서는 그 존재를 알 수 없다. 마추픽추는 파차쿠텍 왕 때인 1450년경 세워진 것으로 추정된다. 마추픽추를 왜 건설했는지, 그곳에 누가 살았는지에 대해서는 다양한 가설이 존재한다. 그중에는 마추픽추가 미래의 정치적 지도자 혹은 사제를 위한 성스러운 교육 기관이었다는 주장도 있고, 왕의 임시 거주지였을 것이라는 주장도 있다.

마추픽추는 에스파냐인이 잉카 제국을 정복한 후에 꼭두각시 정권을 이끌던 망코 잉카에 의해 의도적으로 버려졌다. 망코 잉카는 1536년 에

마추픽추의 도시 구역 전경

스파냐와의 전쟁 도중 세력이 점차 약해져 추격을 받고 있었다. 이 전쟁으로 인해 마추픽추가 훼손되기를 원하지 않았던 망코 잉카는 마추픽추로 가는 길을 막았다. 그곳의 거주민에게는 다른 곳으로 이주하라고 명령했다(Cuba Gutiérrez, 2007). 그렇게 함으로써 에스파냐인은 마추픽추를 찾지 못했고, 이후 400년 이상 세상에 알려지지 않은 채 유지될 수 있었다. 1911년, 미국의 역사학자 하이럼 빙엄이 마추픽추를 발견했다. 마추픽추는 보존 상태가 매우 좋아서 잉카 제국의 사회 구조나 생활 문화 등을 엿볼 수 있는 좋은 자료다.

마추픽추는 계획도시로, 파차쿠텍이 설계 단계부터 개입했다고 한다. 고산 지대에 위치해 오늘날에도 접근이 어려운 곳이지만 환경적으로는 몇 가지 장점을 갖고 있었다. 생존을 위한 물을 확보할 수 있었고, 근처에 채석장이 있어 건축물을 지을 석재를 쉽게 얻을 수 있었다. 높은 절벽이 도시를 보호해 주었고, 온화한 열대 기후는 코카 잎과 같은 작물을 재배하기에 알맞았다. 고립된 지형이 평화로운 분위기를 만들어 제국을 위해 일하는 사제, 천문학자가 거주하기에도 좋았다. 마추픽추는 각각 동서남북 방향과 일치하는 네 개의 봉우리로 둘러싸여 있다. 마추픽추라는 도시가 들어서기 전부터 신성하게 여겨졌던 곳에 왕궁을 건축함으로써 왕은 신의 영역에 들어선, 인간이 범접할 수 없는 권위를 가진 위대한 존재임을 나타내고자 했을 것이다(최명호, 2010).

마추픽추는 남부의 농경지 구역과 북부의 도시 구역으로 나뉜다. 도시 구역은 중앙 광장을 중심으로 서쪽과 동쪽이 각각 귀족과 평민의 주거 지역으로 분리되는데, 이는 당시의 사회 구조를 반영한 것이다. 서쪽에는 파차쿠텍 왕실이 있고 종교 시설인 태양의 신전, 콘도르 신전, 세 창

마추픽추의 계단식 농경 지역. 끝에는 식량 저장고인 콜카가 있다.

문의 신전 등 왕이나 귀족 계급을 위한 시설과 종교적 건물이 위치한다. 또한 지대가 동쪽보다 조금 높아서 평민을 굽어볼 수 있도록 돼 있다. 태양의 신전에서는 왕이 창문으로 태양을 관찰해 직접 파종 시기를 알려줬다. 한편 동쪽에는 평민과 노동자의 생활 공간과 작업장 등이 있다. 서쪽의 귀족과 종교를 위한 건축물은 큰 돌을 사용한 반면, 동쪽의 평민을 위한 건축물은 상대적으로 작은 돌을 쌓아 만들었다.

마추픽추 중심부에만 크고 작은 건물이 200여 개나 있어 약 500~1,000명의 인구가 거주했을 것으로 추정된다. 왕은 고산의 도시에서도 촘촘하게 연결된 왕도를 통해 소식을 듣고, 통치하고, 교류도 할 수 있었다. 왕도는 종종 식량 등 부족한 물자를 보충하기 위해서도 사용됐다. 마추픽추에서도 계단식 경작지를 만들어 농사를 지었는데, 가파른 경사면에 농경지가 100단 이상 형성돼 있었다. 이를 통해 어느 정도 자급자족이 가능했다. 계단식 농경 지역의 끝에는 콜카Colca라는 저장소를 배치해서 식량을 저장했다가 식량 보급이 어려울 때 활용할 수 있도록 했다. 또한 그물망처럼 촘촘하게 연결된 수로를 통해 도시 어디에서든 물을 사용할 수 있게 했다.

잉카인은 마추픽추 외에도 웅장하고 견고한 건축물을 많이 건설했다. 에스파냐 정복자가 잉카의 정치 조직을 파괴하고 건축물을 부수어 그 흔적이 많이 사라졌음에도 잉카 시대의 유산은 오늘날에도 남아 당시의 영광을 증명하고 있다. 지금까지도 수많은 원주민 공동체가 유지되고 있으며 삭사이우아만Sacsayhuamán, 오얀타이탐보Ollantaytambo, 피삭Pisac, 친체로Chinchero 등의 고고학 유적들은 페루를 찾는 많은 이에게 잉카 제국의 영광을 소개해 준다.

강성했던 잉카 제국은
왜 멸망했을까?

잉카 제국의 유적을 둘러보며 그들의 통치력과 기술력에 감동하고 나면 더욱 의문이 드는 것이 있다. 남아메리카를 북에서 남으로 가로지르는 거대한 영토에 900만~2,000만 명의 인구를 거느릴 정도로 강력한 대국이 도대체 왜 200명 남짓한 에스파냐 군대에 의해 멸망한 것일까?

잉카 제국을 정복한 에스파냐인은 프란시스코 피사로다. 글도 모르는 가난한 군인이었던 그는 1502년 아메리카 원정에 참여하게 된다. 원정 중 파나마에서 비루Biru(페루Perú라는 국명이 여기서 나왔다)라는 황금의 땅이 있다는 소문을 들었다. 1531년 피사로는 파나마를 출발해 남쪽으로 항해했다. 약 200명의 병력, 60여 마리의 말, 대포 2문을 갖춘 에스파냐군이 잉카의 영토에 도착했다. 피사로 일행은 잉카 제국에서 일어난 일을 듣게 됐다. 왕위를 두고 내전이 벌어졌고, 전쟁과 함께 천연두가 퍼져서 많은 사람이 죽었다는 것이다. 한편 내전에서 승리한 잉카 제국의 아타우알파도 사절을 통해 낯선 사람들이 잉카 제국의 해안에 도착했다는 소식을 들었다. 약 4만 명에 달하는 군대를 거느린 잉카 왕에게 에스파냐의 군대는 그리 위협이 되지 않았다.

피사로가 아타우알파와의 만남을 요청했고, 두 지도자는 카하마르카라는 도시의 중앙 광장에서 만났다. 이때 아타우알파는 무장하지 않은 수천 명의 수행원과 함께 광장에 도착했다. 그는 도시 외곽에 주둔하고 있던 군대에게 에스파냐인을 공격하지 말라고 명령했다. 한편, 잉카 왕을 잡아 인질로 삼을 계획을 갖고 있었던 에스파냐군은 매복 공격을 준비하고 있었다. 잉카와 에스파냐 지도자가 만났을 때, 에스파냐의 선교사는 잉카 왕에게 '신의 말씀'이라는 성서를 건네면서 가톨릭으로 개종할 것을 권했다. 잉카의 왕은 성서를 귀에 대보았지만 아무 소리도 들리지 않았다. 황금으로 빛나는 화려한 잉카의 신, 태양 신전과 비교했을 때 보잘것없어 보였다. 흥미를 잃은 아타우알파가 성서를 내려놓는 순간, 매복 중이던 에스파냐의 병사들이 몰려나왔다. 에스파냐군은 잉카 군대를 공격해 수많은 사람을 죽이고 왕을 포로로 잡았다.

잉카 군대는 보복을 할 만큼 강력했지만, 보복하지 않았다. 포로로 잡힌 왕을 위험에 빠뜨리지 않기 위해서였다. 그리고 공격하지 말라는 왕의 명령을 어길 수 없었기 때문이었다(Cuba Gutiérrez, 2007).

아타우알파는 포로에서 풀려나기 위해 에스파냐군과 협상에 나섰다. 자신이 갇혀 있는 방을 귀금속으로 가득 채워놓겠다고 한 것이다. 피사로 입장에서는 거절할 이유가 없는 제안이었다. 아타우알파는 정말로 방 하나를 황금으로 가득 채웠고, 은으로는 두 개의 방을 채웠다.

그러나 에스파냐군은 아타우알파를 풀어주지 않았고, 오히려 그에게 화형을 선고했다. 아타우알파는 죽음 그 자체보다 화형이라는 것에 두려움을 느꼈다. 잉카의 전통에 따라 왕은 죽은 후에도 미라가 돼 존재를 유지해야 했다. 그런데 불에 타서 시체가 없어지면 미라가 될 수 없으니 왕의 입장에서는 굉장히 곤란했던 것이다. 결국 그는 세례를 받고 가톨릭으로 개종함으로써 화형이 아닌 교수형을 받게 됐다. 잉카 제국의 왕을 죽이고 난 후 에스파냐군은 1533년 11월 쿠스코를 점령했고, 리마Lima를 새로운 수도로 건설하기 시작했다.

잉카 제국은 거대하고 강성했지만, 모든 구성원을 하나로 통합하지는 못했던 것 같다. 잉카 제국에게 정복당한 부족과 권력에 욕심이 있던 제국 내 세력이 에스파냐를 지원한 것이다. 이는 에스파냐군이 전투에서 승리하는 데 기여했다. 쿠스코가 점령된 이후에는 망코 잉카가 에스파냐 세력을 섬기며 나섰고, 에스파냐는 그를 꼭두각시 왕으로 세웠다. 그러나 잉카인에 대한 에스파냐의 폭정이 이어지자 망코 잉카는 진정한 황제가 돼야겠다고 생각했다.

망코 잉카는 전국에서 수만 명의 군사를 모아 에스파냐군에 맞서 싸웠다. 1년 정도 전쟁을 이어갈 정도로 잉카군은 생각보다 강했다. 그러나 전쟁이 지속되면서 농사를 짓지 못했고, 이미 천연두와 전쟁으로 수많은 사람이 목숨을 잃어 잉카의 식량과 노동력은 점점 줄어들었다. 반면, 에스파냐군에는 지원군이 도착해 힘을 보탰다.

결국 망코 잉카는 빌카밤바로 퇴각하고, 1537년 그곳에서 새로운 수도를 선포했다. 잉카 망명 정부는 1572년까지 유지됐으나, 에스파냐군이 이 정부를 무너뜨리고 마지막 왕인 투팍 아마루(1545~1572)를 참수함으로써 잉카 제국을 완전히 점령했다.

강성했던 잉카 제국의 멸망은 다양한 요인이 복합적으로 작용해서 일어난 결과였다. 많은 사람의 목숨을 빼앗아 간 천연두, 총과 대포, 말로 무장한 에스파냐군의 전투력은 분명 잉카 제국을 위협했다. 그러나 안으로 황제 자리를 둘러싼 내전, 제국에 대한 불만과 권력을 잡으려는 욕심으로 인한 대립과 분열도 제국을 멸망으로 이끄는 중요한 요인이었다.

가톨릭에 대한
원주민의 저항

쿠스코는 다른 도시에서는 느낄 수 없는 오라Aura를 갖고 있다. 화려한 색깔이 아닌, 흰색과 흙색의 가장 자연스럽고 단조로운 색채로 이루어져 있음에도 사람을 압도하는 분위기를 풍긴다. 에스파냐의 지배를 받아 에스파냐식 성당과 건축물, 가톨릭 성상과 그림으로 채워져 있지만 유럽에서 보던 것과는 어딘가 다르다. 길가에는 원주민 혹은 혼혈인 메스티소가 백인보다 훨씬 많고, 그들이 전하는 말 속에는 에스파냐와 식민 지배에 대한 '저항심'이 묻어 있다.

예술가의 구역이라는 산 블라스San Blas 광장에는 20세기 페루의 대표적 예술가 중 하나인 일라리오 멘디빌Hilario Mendívil의 박물관이 있다. 그는 성모나 성인과 관련된 예술 작품을 만들었는데, 그의 작품에서 사람들은 목이 아주 길게 표현된다. 이는 안데스의 전통 가축인 야마의 특성

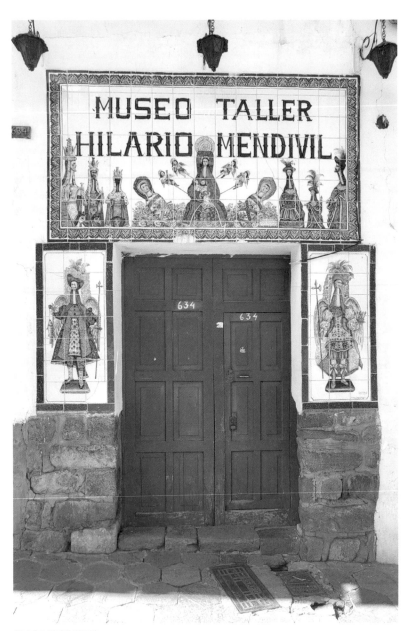

일라리오 멘디빌 박물관

한 권으로 읽는 라틴아메리카 이야기

을 반영한 것이다. 그는 가톨릭 문화와 관련된 예술 작품을 만들면서 그 속에 안데스의 전통을 반영하려 했다.

에스파냐 정복자는 군사를 이끌고 와서 잉카 제국을 멸망시켰다. 그리고 부왕령을 설치해 식민 지배를 시작했고, 광산 개발이나 농업 등을 통해 경제적 이익을 최대한 끌어내고자 했다. 그 과정에서 원주민의 토지를 빼앗고 노동력을 착취했을 뿐 아니라 원주민을 심하게 학대하기도 했다. 원주민에게 진정한 신을 전파하겠다는 가톨릭의 명분은 바로 이런 잔인한 행위를 정당화했다. 경제적 이익과 가톨릭 전파는 한 쌍으로 움직였다. 원주민 입장에서는 더욱 절망적이었다. 정복자가 자신들의 토지와 노동력은 물론 종교까지도 빼앗으려 했기 때문이다.

왕이 태양신을 조상으로 주장하고 새로 정복한 지역민에게 태양신을 숭배하도록 할 만큼 잉카인의 삶에서 종교는 중요한 위치를 차지했다. 그런 잉카인에게 에스파냐 정복자는 에스파냐인의 신, 즉 유일신 하느님을 믿는 가톨릭을 강요한 것이다. 종교적 신념을 바꾸는 것은 잉카인의 세계관을 완전히 바꾸는 것이나 마찬가지였다.

기존에 갖고 있던 잉카 제국의 정치적, 경제적, 사회적 질서 및 문화가 파괴되고, 전염병으로 인해 수많은 사람이 죽어갔다. 잉카인은 에스파냐인에 의해 착취당하는 고통스러운 현실에 더해 자신들이 숭배하던 신과 종교 건축물이 파괴되는 장면까지 목격해야 했다. 심지어 정복자는 무너진 잉카인의 건축물 위에 가톨릭교회 등을 지었다. 안데스인은 위쪽에 긍정적 가치를 부여하고 아래쪽에 부정적 가치를 부여했다. 그런데 자신들의 건축물이 있던 자리에 에스파냐의 건축물이 세워졌으니, 세상이 뒤집히는 일이었을 것이다(강성식, 2016). 여기에 더해 새로운 신을 전하러 왔다는 성직자까지 세속적 이익에 눈이 멀어 노예 제도를 지지하고 지

쿠스코 대성당 한쪽에 놓인 토템

주처럼 노동력과 자원을 추구하는 모습은 원주민이 적대감과 저항심을 느끼게 했다.

원주민은 강압적 분위기 속에서 형식적으로 개종하고 세례를 받긴 했지만, 그들의 종교적 신념을 포기하지는 않았다. 오히려 자신들의 신앙 속에서 가톨릭을 새롭게 재구성했다. 잉카인은 다양한 신을 믿었다. 마치 잉카 제국이 피정복자에게 태양신 숭배를 요구했던 것처럼 그들의 전통에서 승자는 패자에게 자신들의 신앙을 강요하곤 했다. 원주민은 토착 종교에 가톨릭의 신을 추가해 자신들의 것으로 만들어 나갔다. 방법은 다양했다. 우선 가톨릭 교리를 원주민의 방식으로 바꾸었다. 창조신인 비라코차를 가톨릭의 성부와 동일시했고, 대지의 여신인 파차마마Pachamama를 성모 마리아와 동일시했다. 또는 성당에 원주민의 우상을 들여왔다.

한편 예술에서도 종교 혼합의 움직임이 나타났다. 에스파냐인은 원주민의 이해를 돕기 위해 성상이나 그림 등을 많이 이용했다. 그런데 원주민은 바로 이 가톨릭 이미지에 자신들의 종교적 관념과 정체성을 반영한 것이다.

작자 미상의 〈세로 리코의 성모Virgen del Cerro Rico〉는 종교적 혼합을 잘 보여주는 작품이다. 세로 리
코는 '부유한 언덕'이라는 뜻
이다. 〈세로 리코의 성모〉의
윗부분을 보면 가운데에 비
둘기가 빛을 내며 날고 있고,
양옆에는 아들과 아버지가
있다. 이는 가톨릭의 핵심 교
리인 삼위일체 즉 성부(하느
님), 성자, 성령을 표현한 것
이다. 그 아래에 있는 여성은
성모 마리아다. 가장 아랫부
분에 있는 인물들은 기도를
드리고 있다. 왼쪽에는 교황

세로 리코의 성모**7**

바오로 3세, 오른쪽에는 에스파냐의 국왕이자 신성 로마 제국의 황제인
카를 5세의 모습이 보인다. 여기까지만 말하면 이 작품은 유럽 가톨릭의
문화를 담은 그림인 것 같다.

그런데 다시 자세히 보면, 잉카 제국의 문화도 담겨 있다. 먼저, 삼각
형의 산이 성모 마리아를 덮고 있는데 이는 잉카인이 숭배하던 대지의
여신 파차마마와 가톨릭의 성모를 결합한 것이다. 산의 양옆에는 잉카
인이 숭배하던 해와 달이 표현돼 있다. 성모는 또한 망토처럼 펼쳐진 언
덕 속에 다양한 존재를 품고 있는데, 그 안에는 잉카 제국의 왕 우아이나
카팍을 비롯해 다양한 인물이 표현돼 있다. 여기서 성모는 인간과 신 사
이의 중재자 역할을 한다(Compte, 2020). 이처럼 잉카의 후예는 유럽의 신
앙을 표현한 그림 속에 토착 종교의 사상을 반영하는 방식으로 자신들의

신앙을 지켜나갔다.

한편 쿠스코 대성당에 있는 마르코스 사파타Marcos Zapata의 〈최후의 만찬〉 또한 종교 혼합주의를 보여주는 대표적인 그림이다. 〈최후의 만찬〉은 예수가 십자가에 달려 죽기 전날 밤에 열두 제자와 나눈 마지막 만찬을 그린 것이다. 이 자리는 가톨릭에서 중요한 순간으로, 종교화의 주제로 자주 쓰인다.

그림에는 예수를 중심으로 열두 명의 제자가 앉아 있다. 많은 사람이 붉은색 옷을 입었는데, 붉은색은 쿠스코의 그림에서 자주 볼 수 있는 색조다. 제자는 한 명을 제외하고 모두 예수 쪽으로 몸을 향하고 있다. 오른쪽 아래의 예수를 바라보지 않는 남자는 은화를 받고 예수를 팔아버린 유다다. 테이블 아래에서 그는 돈주머니를 꼭 쥐고 있다. 테이블에는 〈최후의 만찬〉에서 중요한 요소로서 그리스도의 피와 몸을 상징하는 포도주와 빵이 표현돼 있다. 인물의 생김새와 복장 또한 유럽인의 것으로 보인다.

다만 사파타는 식탁에 차려진 음식에 안데스의 요소를 추가했다. 가운데 놓인 음식은 양고기가 아닌 '쿠이Cuy'다. 쿠이는 안데스 고산 지대 사람들이 단백질 섭취를 위해 먹었던 기니피그 구이다. 기니피그 구이는 특별한 날 먹는 음식이었으며, 또한 종교 행사의 희생 의식에도 사용됐다. 비록 양고기와 쿠이라는 음식은 다르지만, 두 동물 모두 각 지역에서 희생의 의미를 갖는다는 점에서 상징적으로는 동일하다는 것이 흥미롭다. 식탁에는 다양한 색깔의 감자와 같은 작물이 있고, 포도주 대신 치차 Chicha가 놓여 있다. 치차는 옥수수를 발효해 만든 안데스 지역의 전통 음료다(Zendt, 2010). 사파타는 〈최후의 만찬〉이 갖는 전통적 상징은 유지하면서 안데스적 요소를 삽입해 두 문화를 융합했다.

마르코스 사파타의 〈최후의 만찬〉(1753) **8**

안데스 원주민의 삶에서 종교는 매우 중요한 의미를 가졌다. 그런 그들에게 신념을 버리고 새로운 종교를 받아들이라는 것은 가혹한 일이었다. 그들은 강압적 상황에서 어쩔 수 없이 가톨릭으로 개종했지만, 자신들의 방법으로 고유의 종교를 지키며 에스파냐의 정복과 폭정에 저항했다. 그리고 그 움직임은 지금까지 지속되고 있다.

잉카인의 한과 염원을 담은
피리 소리

쿠스코 아르마스 광장의 전경 [디에고 델소(Diego Delso)]**9**

한 권으로 읽는 라틴아메리카 이야기

잉카인이 세계의 중심이라고 생각한 도시 쿠스코의 아르마스Armas 광장에 앉아 처음 보는 이국적인 풍경을 한없이 바라봤다. 눈에 보이는 건물이나 광장의 구조는 분명 에스파냐와 같았지만 지금껏 보던 에스파냐의 분위기와는 사뭇 달랐다. 붉은색 돌로 화려하게 쌓아 올린 대성당과 예수회 성당의 압도적 분위기 옆으로 병풍을 두른 듯 언덕 위로 펼쳐진 수많은 집과 그 끝자락으로 연결된 짙푸른 하늘. 이는 분명 내가 지금까지 마주한 적 없는 풍경이었다.

광장의 중심에 분수가 보이고, 분수 위에 세워진 파차쿠텍 동상이 이곳이 잉카의 땅임을 깨우쳐 준다. 잉카는 파차쿠텍 왕 시기에 진정한 의

페루   117

미의 제국적 팽창이 시작됐다. 그가 정복을 시작한 지 3대 만에 잉카 제국은 남아메리카의 서부 지역을 모두 장악하는 거대한 제국이 됐다. 쿠스코는 이 제국의 중심이었고, 아르마스 광장은 쿠스코의 중심 광장이었다. 이곳에서 기념식과 군사 행렬, 승전 축하 행사 등을 개최했다. 제국의 중심이었던 이곳에는 왕의 궁전과 신전 등이 있었는데, 신전에는 엄청난 양의 금과 금장식이 있어 정복자가 이곳을 엘도라도(황금의 나라)라고 생각할 정도였다고 한다. 에스파냐 정복자는 모든 금을 약탈하고 잉카의 궁전과 신전을 헐어버린 후 그 주춧돌 위에 가톨릭교회와 수도원 그리고 그들의 집을 세웠다. 이곳이 여타 유럽의 광장과 다르게 보이는 이유에는 이런 영향도 있을 것이다.

아르마스 광장은 1780년 에스파냐에 항거하며 독립운동을 일으킨 호세 가브리엘 콘도르칸키José Gabriel Condorcanqui가 처형된 곳이기도 하다. 그는 에스파냐의 침략에 맞서 끝까지 싸운 잉카 제국의 마지막 왕 투팍 아마루를 계승한다는 의미로 스스로를 투팍 아마루 2세라 칭하며 에스파냐에 대항해 봉기를 일으켰지만, 결국 사로잡힌다. 에스파냐인은 반역의 본보기로 1781년 5월 18일 그를 거열형(사지를 말에 묶고 말을 달리게 해서 찢어 죽이는 형벌)에 처했다. 그런데도 그가 죽지 않자 이번에는 교수척장분지형絞首剔臟分肢刑(목매달아 내장을 발라내고 사지를 토막 내는 형벌)으로 잔인하게 처형하고 그 가족까지 모두 살해했다.

호세 가브리엘 콘도르칸키의 반란은 실패했지만, 그의 죽음은 잉카인에게 또 다른 신화를 만들어 냈다. 잉카를 태양신의 후손이라 믿었던 잉카인은 투팍 아마루 2세가 바로 태양신의 아들 잉카고, 비록 그가 죽임을 당했지만 다시 돌아와 자신들을 구원할 메시아라 믿었다.

이런 잉카인의 염원이 담긴 곡이 〈엘 콘도르 파사El Condor Pasa(콘도르는

아르마스 광장의 파차쿠텍 동상

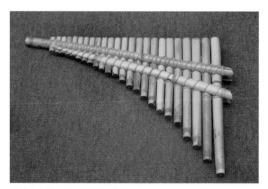

아이마라어로 시쿠, 케추아어로 안타라, 에스파냐어로 삼포냐로 불리는 안데스 악기**10**

날아가고)〉다. 이 곡은 오랫동안 주로 안데스의 피리를 통해 다양한 버전으로 전해지고 있었다. 그러던 중 페루의 민속 음악가 다니엘 로블레스가 한 노인으로부터 이 곡을 채집했고, 1913년 자신이 작곡한 사르수엘라(에스파냐의 민속 오페라 형식)인 〈엘 콘도르 파사〉에서 주요한 춤음악으로 사용했다. 이후 1950년대에 유럽을 찾은 로스 잉카스Los Incas라는 안데스 음악 그룹이 〈엘 콘도르 파사〉를 연주했다. 로스 잉카스는 일곱 명으로 구성된 밴드로 안데스의 전통 악기인 케나, 삼포냐(시쿠), 봄보, 착차스 등으로 잉카의 전통 음악을 연주했다. 이들의 연주를 들은 미국의 남성 듀엣 사이먼과 가펑클이 〈엘 콘도르 파사〉를 리메이크해 불렀다. 그렇게 잉카인의 한과 염원이 담긴 이 곡은 페루인뿐만 아니라 전 세계인의 사랑을 받는 곡이 됐다.

안데스의 음악은 안데스 원주민인 케추아족에 의해 그 전통이 유지되고 있는데, 케추아족은 〈엘 콘도르 파사〉를 케나와 삼포냐로 연주한다. 특히 '피리 구멍'이라는 뜻을 갖는 케나와 관련된 수많은 전설이 내려오고 있다. 그중 케추아어로 전해진 '만차이 푸이투Manchay Puito' 전설을 대표로 소개하면 다음과 같다.

> 18세기 중반, 은광으로 유명한 포토시에서 원주민 사제가 한 처녀와 사랑에 빠지게 된다. 그러나 얼마 후 그 사제는 페루 부왕령의 수도 리마로 발령을 받아 떠나게 되고, 처녀는 사제를 향한 사무친 그리움으로 인해 죽게 된다. 세월이 지나 처녀의 죽음을 알게 된 사제는 그녀를 너무도 그리워하다가 어느 날 그녀의 무덤을 파헤쳐 사랑하던 여인의 경골을 빼내 케나를 만들었고, 그 케나를 불며 안데스를 유랑했다.

케나의 소리가 워낙 애절해서 만들어진 이야기일 수도 있지만, 안데스에서는 소중한 사람을 기리기 위해 죽은 이의 뼈를 깎아 피리로 만들어

원주민이 케나를 불고 있다.**11**

불었다는 이야기가 전해진다.

대부분 라틴아메리카의 음악은 악기 구성 등의 외형만으로 봤을 때 전통적인 요소가 거의 없다. 칠레의 군사 혁명 정부가 안데스의 전통 음악을 금지하고, 아르헨티나가 백인 문화 외에는 무시하거나 말살하려고 한 것 등 특별한 이유로 인한 경우도 있지만 멕시코처럼 자연스럽게 서양의 악기에 동화된 경우가 대부분이다. 독립 이후, 다른 나라처럼 페루의 원주민 역시 사회의 소외 계층으로 남아 있었다. 그러나 벨라스코 알바라도 대통령 시기(1968~1975)에 원주민 언어 중 하나인 케추아어를 공식 언어로 지정하고, 전국 규모의 안데스 음악과 춤 경연 대회를 열었으며, 미디어 매체도 일정 부분 민속 음악을 방송해야 한다는 규정을 만들었다. 이때부터 페루의 민속 음악은 활기를 띠기 시작했고 원주민은 자신들의 전통 악기를 자랑스럽게 연주했다. 페루에도 정복자의 악기가 들어왔지만 페루인은 그것 또한 그들만의 악기로 변형해 받아들였다. 오늘날 우리나라를 비롯해 전 세계의 연주장이나 거리, 지하철역 등에서 안데스 음악을 들을 수 있는 것은 이런 노력의 결과이다.

페루에 등장한
일본인 대통령

오늘날 페루 인구에서 일본인이 차지하는 비율은 0.2~0.3퍼센트에 불과하다. 그러나 이들은 현재 페루에서 정치적, 경제적으로 가장 영향력 있는 민족 공동체에 속한다. 19세기 후반, 일본에는 지구 끝 어딘가에 '황금의 나라'가 있으며 그곳의 기후는 온화하고 토양은 비옥해서 농사를 짓기에 천국 같다는 소문이 퍼졌다. 이는 일본 이민 회사의 광고였다. 1898년, 약 790명의 일본인이 금을 찾아서 혹은 농사를 짓기 위해 저마다의 꿈을 갖고 페루로 향했다. 그들은 해안가 플랜테이션(사탕수수, 면화 등)에서 계약 노동자로서 삶을 시작했다. 보통 20~45세의 남자로, 주로 가난한 지역의 농부 출신이었다. 그런데 광고의 내용과 다르게 작업 환경은 너무도 열악했다. 기후와 식문화도 일본과는 많이 달랐고, 열대 질병으로 인해 계약 기간인 4년이 채 지나기도 전에 790명 중 150명 정도가 사망했다. 이런 상황에도 이민 회사는 계속해서 페루로 이민자를 보냈다. 대부분의 이민자는 계약이 끝난 후에도 고향으로 돌아갈 수 없었다. 이주를 할 만큼 충분한 비용을 마련하지 못했기 때문이다. 그래서 일부는 페루에 남거나 남아메리카의 다른 국가로 이동했다.

페루에 남게 된 일본인은 노점상이나 가사 도우미 등의 일로 돈을 벌기 시작했다. 어느 정도 자본을 모은 후에는 작은 가게를 열어 장사를 했다. 이들은 이발소, 식료품점, 의류 판매점, 식당과 같은 상점을 운영하면서 페루 사회에서 꽤 성공적인 소수 인종으로 자리 잡았다. 일본인의 성공은 가난한 페루 민중의 질투를 야기했다. 페루인이 가져야 할 기회를 일본인이 차지한 것 같았거나 일본인이 페루의 경제를 위협하는 것처럼 보였을 수도 있다. 이러한 이유로 수십 년 동안 일본인은 소수 인종으로서 갖가지 차별과 위협을 받아야 했다. 한편 일본인은 언젠가 일본으로 돌아갈 거라고 생각했기 때문에 자신들에게 적대적인 페루 사회에 굳이 동화되려고 하지 않았다. 그리고 이와 같은 태도는 다시 페루인의 반일본인 감정으로 이어졌다.

1940년 5월 페루 학생을 중심으로 한 무리가 일본인에 반대하는 폭동을 일으키고 리마 시내에서 일본인의 상점과 거주지를 약탈하는 사건이 벌어졌다. 이 사건으로 약 600개의 일본인 사업체가 피해를 입고, 수십 명의 사상자가 발생했다. 이는 페루에서 특정 인종을 대상으로 발생한 첫 번째 폭동이었다. 이 사건은 페루 내 일본인에게 큰 충격을 주었고, 긴 기간 트라우마로 남았다. 그들은 이 사건을 계기로 페루 사회에 통합될 필요를 느끼게 됐다. 더구나 제2차 세계대전에서 일본이 패하자 일본으로 돌아갈 가능성이 더 줄었다. 이제는 적응해야 했다.

페루에 일본인 혹은 아시아인에 대한 차별만 있었던 것은 아니다. 페루는 다른 라틴아메리카 국가에 비해 원주민 규모가 매우 큰 편이다. 그러나 식민지 시대부터 형성된 인종 차별은 독립 이후 더 심해졌다. 예를 들어 원주민은 다른 인종 노동자에 비해 훨씬 적은 임금을 받았으며, 주요 사회 기관에서 권력을 가질 가능성도 거의 없었다. 페루의 정치와 경제는 백인 지도자가 이끌어 갔고, 원주민과 백인 및 메스티소 간의 갈등은 갈수록 첨예해졌다.

내륙과 해안 지방 사이에도 격차가 발생해서 사회 통합에 어려움을 겪고 있었다. 내륙의 안데스 고원 지대에는 주로 빈곤한 원주민 농민이 거주했으며, 그들은 후진성에서 벗어나지 못했다. 한편 리마를 중심으로 해안 지방의 거주자는 상대적으로 번영을 누렸으며 페루의 정치 또한 해안 지역 지식인이 독점했다.

경제가 불안정하고 사회적으로는 불의했던 1980년경, 고원 지대에서는 '빛나는 길'이라는 의미의 '센데로 루미노소Sendero Luminoso'라는 농촌 게릴라 조직이 출현했다. 마오쩌둥주의를 추종하는 이 단체의 무장 투쟁으로 인해 수많은 사람과 시설이 피해를 입었다. 이들의 폭력성이 증가하자 당시 대통령이었던 페르난도 벨라운데 테리는 반란에 대응하기 위해 군사적 공격을 허용했다. 1984년경에는 쿠바 혁명을 찬양하는 '투팍 아마루 혁명 운동Movimiento Revolucionario Túpac Amaru(MRTA)'이라는 또 다른 조직이 활동을 시작했다. 게릴라 활동이 심화되면서 사회와 치안은 불안정해졌고, 국가는 거의 내전 상태에 빠졌다. 한편 1985년에 당선된 알란 가르시아 대통령도 경제 문제에 적절히 대응하지 못해 국가적인 위기를 맞게 됐다.

정치, 경제, 사회적으로 혼란스러운 가운데 1990년 대선이 다가왔다.

선거에서는 국제적으로 유명한 소설가인 마리오 바르가스 요사와 일본계 이주민 2세인 농업 경제학자 알베르토 후지모리Alberto Fujimori가 경쟁을 펼쳤다. 이 선거에서 놀랍게도 후지모리가 승리를 거두어 페루의 대통령으로 당선되는 일이 벌어졌다.

바르가스 요사는 기득권 백인층의 지지를 받았다. 한편 후지모리는 포퓰리즘적 정치 스타일을 갖고 있었고, 자신을 원주민 및 메스티소와 동일시하는 전략 등을 활용했다. 후지모리는 자신이 이주민으로서 페루 사회에 적응하며 차별과 빈곤을 겪었으며 그것을 극복하고자 부단히 노력했다는 사실을 강조했다. 이는 페루 사회에서 차별받으며 빈곤한 처지에 있던 원주민이나 메스티소에게 설득력을 가졌다. 원주민과 백인 간의 갈등이 첨예한 상황에서 원주민도, 백인도 아닌 일본계 이주민 2세의 등장은 상대적으로 원주민의 의견을 정치에 반영해 줄 수 있을 것처럼 보였다(박윤주, 2011). 후지모리는 이러한 선거 운동을 통해 원주민과 메스티소의 표를 얻어 대통령에 당선됐다.

그러나 당선 이후 후지모리 대통령의 행보는 대중의 예상과 달랐다. 포퓰리즘적 정책을 펼칠 것으로 예상했으나 그는 정부의 보조금 철폐를 비롯해 엄격한 긴축 조치를 시행했다. 관세를 인하하고, 외국인 투자를 적극 유치했으며, 수많은 국영 기업을 민영화했다. 그러자 주요 식료품 가격도 폭등했고, 빈민가에서는 폭동과 약탈이 일어났다.

그의 반전 행보에 반대파가 저항했다. 탄핵 논의가 있자 1992년 4월 후지모리는 의회를 폐쇄하고 사법부의 완전한 재편을 발표하면서 군부의 지지를 바탕으로 친위 쿠데타를 일으켰다. 새롭게 권력 기반을 다진 후지모리는 게릴라 조직인 센데로 루미노소 및 투팍 아마루 혁명 운동과의 전투에서 승리해 두 조직의 최고 지도자를 체포했다. 이러한 성과를 보이자 많은 페루인이 박수를 보냈다. 결국 그는 1995년 대통령 선거에서 재선에 성공한다.

후지모리는 신자유주의 정책을 통해 1995년 GDP 성장과 인플레이션 억제라는 결과를 만들었다. 그러나 그 부작용은 상당했다. 경제적 성과가 노동자를 비롯한 중하층 계급에는 미치지 못했다. 실업률이 연평균 9퍼센트에 달할 정도로 높았고, 저임금 비공식 노동자의 비율은 계속 늘어났다. 외채가 증가했으며, 외채의 이자를 갚기 위해 수출 이익의 많은 부분을 써야 했다. 무역에서도 적자가 발생했다. 한편 신자유주의 프로그램에 반대하는 사람과 언론을 탄압하는 등 권력 남용과 권위주의적 방식으로 인해 반대파가 형성됐다.

그는 2000년 선거에 다시 한 번 출마했다. 상황이 여의치 않자 각종 수단을 동원했다. 예를 들어 보안 부서를 동원해 정적의 전화를 도청하거나 반대파 의원을 포섭하기 위해 뇌물을 제공하고, 미국의 CIA와 같은 역할의 국가 정보원을 선거 과정에 개입시키려 했다. 부정한 방법을 동원한 후지모리는 2000년 선거에서도 승리했다. 그러나 대통령 집권 시기 및 대통령 선거 과정에서 각종 부정행위가 있었음이 드러나면서 후지모리의 퇴진을 요구하는 대규모 시위가 발생했다. 의회는 후지모리의 탄핵까지 시도했다. 결국 2000년 11월 후지모리는 대통령직을 사임하고, 일본으로 망명한다.

2005년 후지모리는 정치적 재개를 모색하기 위해 이웃 국가인 칠레에 입국했으나 이내 체포돼 페루로 인도됐다. 이후 페루 대법원은 1990~2000년 재임 중의 학살, 납치 등과 관련한 인권 침해 혐의로 후지모리에게 징역 25년형을 선고했다. 또한 횡령과 뇌물 수수 등의 부패 혐의도 유죄로 인정됐다. 원래대로라면 2032년에 형을 마쳐야 했으나, 2017년 12월 페드로 파블로 쿠친스키 대통령이 후지모리의 건강 악화를 이유로 사면을 결정했다. 그러나 얼마 지나지 않은 2018년 10월, 페루 법원은 사면을 취소했고, 후지모리는 재수감됐다.

후지모리의 대통령 당선은 페루에서 소수 인종으로 차별과 고통을 받던 아시아계 이주민이 성공적으로 정치에 참여하게 된 최초의 사례였지만 그의 도전은 경제 정책의 부작용과 빈곤 문제 해결 실패, 각종 부패 등으로 얼룩져 영광스럽지 못한 모습으로 막을 내렸다. 현재 5세대까지 이어지는 일본인의 후손은 그 규모가 작고 또 긴 시간 동안 소수 인종으로 차별을 받아왔음에도 페루의 정치경제계에서 가장 영향력 있는 민족 공동체 중 하나이며, 각 분야에서 두각을 나타내는 인물 중에도 일본인 성씨를 가진 사람이 많다.

한편 2010년에는 한국인 정홍원 씨가 찬차마요Chanchamayo 시장으로 당선됐다. 한국인 최초로 페루에서 시장직에 오른 사례다. 페루에서 아시아계 이주민의 정치적 참여는 현재까지도 진행 중이다.

맛있는 페루

페루를 찾는 관광객이 가장 관심 갖는 것은 쿠스코와 마추픽추일 것이다. 그러나 요즘은 페루의 음식에도 관심이 상당하다. 한국에는 페루 식당이나 페루 음식 정보가 많지 않아서 페루가 '미식 국가'라는 것이 조금 낯설 수도 있다.

그러나 페루는 미식 국가로 점점 세계적인 주목을 받고 있다. 미식계의 오스카상이라 불리는 '월드 50 베스트 레스토랑 2023'에서 페루 리마의 식당 센트랄Central이 1위를 차지했고 리마의 마이도Maido, 크호예Kjolle, 마이타Mayta가 각각 6위, 28위, 47위를 차지했다. 전 세계 최고의 레스토랑 50개 중 4개가 페루 리마에 있다는 사실은 페루가 미식 강국으로 부상하고 있음을 증명한다.

그렇다면 페루는 어떻게 미식 국가가 됐을까? 페루를 방문하면 무엇을 먹어야 할까? 페루는 자연 환경과 생물이 다양하고 풍성한 원주민 문화에 이민자의 문화가 뒤섞여 미식 국가로 발전할 잠재력을 가지고 있었다. 그럼에도 페루의 음식이 이름을 알리게 된 것은 30년 정도밖에 안 됐다.

먼저, 페루가 가진 미식 국가의 잠재력을 간단히 살펴보자. 페루는 서쪽으로 태평양과 면하고, 동쪽은 아마존 지역, 중앙은 안데스산맥 지역으로 구성된다. 그래서 페루 사람은 오래전부터 자연에서 다양한 식재료를 구할 수 있었다. 예를 들어 오늘날 전 세계에서 많이 사용되는 식재료인 토마토와 감자가 바로 페루를 비롯한 안데스 지역의 대표적 작물이다. 태평양에서는 신선한 해산물을, 아마존 정글에서는 풍부하고 독특한 과일과 민물고기를, 고원 지대에서는 퀴노아와 같은 곡물을 얻을 수 있었다.

자연에서 나는 풍부한 식재료에 더해 여러 문화가 유입되면서 들어온 새로운 식재료를 페루식으로 재구성한 음식이 등장하기 시작했다. 유럽인이 아메리카 대륙에 도착한 후 콜럼버스의 교환이 일어나던 시기에 아메리카 원산의 식재료가 유럽을 비롯한 아시아와 아프리카 등으로 전파됐고, 다른 지역의 식재료 또한 아메리카로 들어왔다. 페루는 이 과정에서 밀, 보리와 같은 곡물과 마늘, 당근, 포도, 오렌지, 레몬, 올리브 등의 과일과 채소 그리고 후추와 같은 향신료 등 요리에서 중요한 기능을 하는 식재료에 대해 알게 됐다. 그뿐만 아니라 닭, 소, 돼지, 말, 양 등 단백질원까지 활용하기 시작했다.

식재료뿐 아니라 음식 문화도 자연스럽게 유입됐는데, 그 과정에서 당연하게도 에스파냐의 식문화가 페루에 전파됐다. 이때 에스파냐를 오래 지배하며 영향을 미쳤던 아랍의 음식과 에스파냐에 살고 있던 유대

세비체

인의 음식 문화가 함께 전해졌다. 페루 음식 중 가장 유명한 것은 아마도 세비체Ceviche일 것이다. 작게 썬 생선회나 문어, 오징어, 조개 등을 레몬 즙이나 라임즙에 재어두었다가 고추, 고수, 양파, 옥수수 등을 곁들여서 차갑게 먹는 음식이다. 쉽게 말하면 아메리카식 물회 혹은 날생선 샐러 드라고 볼 수 있다. 세비체는 이제 페루뿐 아니라 라틴아메리카 여러 국 가에서 만날 수 있을 만큼 라틴아메리카를 대표할 만한 음식이 됐다. 약 2,000년 전 모체Moche 문명 시기부터 비슷한 음식을 먹었다는 설이 있으 나, 레몬이나 라임을 사용하는 오늘날의 세비체는 에스파냐 정복자가 아 메리카에 들어온 이후 시작된 것이다. 에스파냐 군인이 가사 도우미로 모로족Moro 여성을 데려왔는데, 그들이 세비체와 같은 요리를 만들어 먹 었다고 한다. 그러니 세비체는 원주민 문화에 에스파냐와 아랍의 문화가 영향을 미쳐 탄생한 음식이라 할 수 있다. 참고로, 라임(레몬)즙을 사용해 서 만드는 세비체의 드레싱을 '호랑이 우유(레체 데 티그레Leche de Tigre)'라고 한다. 라임즙에 생선과 각종 재료를 재어두면 뽀얀 국물이 생기는데, 이

국물이 숙취 해소와 에너지 회복에 좋아서 호랑이 우유라고 했다. '호랑이 기운이 솟아난다'는 의미였을까?

에스파냐 정복자는 식민지에서의 노동력을 충당하기 위해 아프리카 흑인을 데려왔다. 이들은 주로 대농장에서 노예로 생활하면서 주인이 먹지 않는 식재료를 활용해 아프리카식 음식을 만들어 먹었다. 에스파냐인은 쇠고기를 먹을 때 좋은 부위는 자신들이 먹고, 내장 같은 비선호 부위는 아프리카 노예에게 줬다. 노예 생활을 하던 아프리카인이 이를 요리해 먹으면서 탄생한 것이 소의 심장에 향신료를 뿌려 석쇠에 구운 꼬치 요리인 안티쿠초Anticucho다.

19세기 페루가 에스파냐로부터 독립한 이후 노예제가 없어지자 아프리카계 노예를 대신할 노동력이 필요해졌다. 이때 중국, 인도 등 아시아에서 쿨리Culi라 불리는 계약 노동자가 다수 유입됐고, 그들의 음식 또한 페루에 영향을 미쳤다. 특히 중국인이 점차 늘어나면서 리마에 차이나타운을 형성했고, 중국 식재료가 페루에 유입되고 중국 음식점이 문을 열기 시작했다. 그러면서 중국식 요리와 식당을 일컫는 치파Chifa가 등장했다. 치파의 대표적인 요리는 고기 채소 볶음인 로모 살타도Lomo saltado다. 간장 양념에 잰 고기를 양파, 마늘, 대파 등의 채소와 함께 기름에 볶아서 쌀밥, 감자튀김 등과 함께 먹는 음식으로 아시아의 식재료와 조리법을 활용한 페루 요리다.

19세기 후반에는 일본인도 계약 노동자로 페루에 유입됐는데, 이들 또한 일본 음식을 만들어 먹었고 판매하기도 했다. 그렇게 시간이 지나면서 페루 음식과 섞이기 시작했고, 니케이Nikkei라는 일본식 페루 음식이 등장했다. 대표적인 음식으로는 티라디토Tiradito가 있는데, 이는 얇게 썬 생선회에 라임을 활용한 새콤한 소스를 뿌려서 차게 먹는 음식이다. 티

라디토에도 세비체처럼 레체 데 티그레 소스를 곁들인다. 그래서인지 개인적으로 세비체와 맛의 차이는 크게 느껴지지 않았다. 다만 날생선을 써는 방식의 차이만큼은 명확하게 느낄 수 있다.

이처럼 페루는 오랜 시간 동안 다양하게 유입된 식재료에 새로운 조리법과 외국 문화가 더해지면서 다채로운 식문화를 형성해 왔다. 그러나 1990년대 초까지만 해도 이러한 사실이 세상에 알려지지 않았다. 페루는 1980년 민주화 이후 오일 쇼크로 인한 경제 위기와 내전을 함께 겪으면서 정치적 불안과 사회적 분열을 경험했다. 마추픽추를 포함해 관광 자원이 풍부함에도 페루를 찾는 여행자는 그리 많지 않았다. 혹시 누군가 페루를 찾는다고 해도 페루를 대표하는 음식에 대해서는 알려진 바가 거의 없었다. 외국인에게 알려진 페루 음식으로는 안데스 원주민이 단백질 공급을 위해 먹었던 기니피그 구이인 쿠이가 전부였다. 주로 기니피그 한 마리를 통째로 요리해서 제공되는데, 모습이 다소 혐오스럽고 향도 강한 편이라 좋은 이미지를 주는 음식은 아니었다.

페루는 '미식 혁명'이라 할 수 있는 과정을 통해 국가의 이미지를 개선하고 사회적 화해를 이끌어 내며 경제적 이익까지도 얻을 수 있게 됐다. 그 첫 걸음에는 가스톤 아쿠리오Gastón Acurio라는 스타 셰프가 있었다. 가스톤은 1980년대에 에스파냐 마드리드에서 법학 공부를 시작했다. 그러나 그는 학업을 마치지 않고, 프랑스 파리의 유명 요리 학교인 르 코르동 블루Le Cordon Bleu에 들어갔다. 젊은 요리사가 본격적으로 활동하기 위해서는 넘어야 할 벽이 있었다. 바로 부모의 반대였다. 가스톤의 집안은 이미 1960년대에 아버지가 장관을 지낼 정도로 상류층이었다. 요리사로 활동하기 위해서는 보수적인 어른들을 설득해야 했다. 다행히 당시는 직업으로서 요리사의 매력이 점차 알려지던 시기로, 가스톤을 포함한 젊은 요리사들의 부모도 그들의 활동을 인정했다. 그들의 '엘리트적 배경'은 젊은 요리사가 새롭고 대담한 시도를 할 때 권위를 부여해 주었다. 즉 그들 개인의 능력도 있었지만, 아직까지 남아 있던 사회적 지위의 도움으로 페루의 미식 혁명을 시작할 수 있었던 것이다(Matta, 2021).

공부를 마치고 돌아온 가스톤은 요리 학교 동문인 아내 아스트리드 구체Astrid Guché와 함께 부부의 이름을 따서 '아스트리드 이 가스톤Astrid y Gastón'이라는 식당을 열었다. 그들은 이 식당을 통해 페루의 부정적 이미지를 바꾸고 페루 문화를 전파하고자 했다. 가스톤은 페루 각 지역의 제철 식재료를 활용해서 다양한 퓨전 요리를 만들고 요리마다 재료의 생산지와 관련된 이야기를 담아냈다. 스토리텔링을 통해 음식뿐 아니라 지역에까지 관심을 갖게 한 것이다.

기존에 갖고 있던 '하층 계급의 음식'과 같은 부정적 이미지를 제거하고, 다른 미식 문화 요소를 새로 추가해 국제적으로 어필할 수 있는 매력적인 음식으로 재창조하기도 했다. 그는 다수의 요리책을 저술하고, TV 요리 프로그램에 나와 페루의 맛집을 소개했으며, 다른 나라에 페루 레스토랑을 열어서 페루의 미식을 전 세계에 알리고자 했다. 또한 가난한 마을에 요리 학교를 세워 학비 걱정 없이 요리를 공부할 수 있도록 했다. 이곳에서 요리를 배운 사람 중 일부는 세계에 페루 음식을 알리기 위해 함께 노력하고 있다. 가스톤은 해외 음식 페스티벌에 참가해서 페루 음식을 홍보해 왔으며, 2008년에는 동료 요리사들과 함께 '미스투라Feria Gastronómica Mistura'라는 미식 축제를 개최했다. 이 축제는 몇 번의 예외를 제외하면 현재까지도 활발히 열리고 있다.

한편, 정부를 중심으로 페루 음식을 세계화하려는 노력 또한 다양한

아스트리드 이 가스톤 식당

차원에서 진행됐다. 1994년 페루 수출 관광 진흥청(프롬페루Promperú)을 설립해서 스타 셰프들과 함께 지역의 역사와 문화, 맛과 전통 등을 알리기 시작했고, 이후 세계 30개국에 페루 수출 관광 진흥청 사무소를 열었다. 각국 주재 페루 대사관은 '미식의 메카 페루'라는 이미지를 활용해 공공 외교를 펼쳤다. 2009년부터는 '마르카 페루Marca Perú'라는 전략을 추진했다. 마르카는 '브랜드'라는 뜻으로 국가 브랜드를 형성해서 국제적으로 페루의 이미지를 개선하고 차별화하고자 한 것이다. 페루는 관광·수출·투자라는 세 개의 축을 중심으로 미식 국가 이미지를 브랜드화해서 관광 산업을 촉진하고 이어 수출과 투자까지 늘리고자 했다. 한편 정부는 각 지역의 고유문화를 강조한 관광 상품을 개발해서 분열됐던 페루 사회를 통합하기 위해 노력했다. 마르카 페루의 엠블럼 속에도 통합의 의미가 담겨 있다. 엠블럼 속 페루의 국가명이 나선형 모양 'P'로 시작되는데, 이는 창의성과 화합을 의미한다.

이처럼 미식의 발전을 위해 시작한 프로젝트는 스타 셰프, 고급 레스토랑, 요리 학교와 요리 서적 및 축제뿐만 아니라 관광을 담당하는 국가 기관, 국가 이미지 개선 캠페인, 외교 활동 등 복합적인 형태로 발전했다.

그런 노력의 결과일까? 쿠스코에 가기 위한 관문으로 여겨져 관광지로는 큰 인기가 없던 수도 리마에서 미식 투어가 인기다. 나도 아스트리드 이 가스톤을 찾아가 보았다. 저녁 시간 예약이 쉽지 않아 미리 온라인 웹사이트를 통해 예약해야 했다. 저녁 식사 영업 시작 전, 미식을 맛보러 온 사람들을 태운 승합차가 여러 대 도착했다. 손님들이 몰려오자 식당과 음식에 대한 기대감이 더욱 커졌다.

대기 장소에서 기다리다가 예약 시간을 10분 정도 넘겼을 무렵 자리를 안내받았다. 넓은 내부 공간은 식물과 안데스의 전통이 녹아 있는 물건으로 화려하게 치장했고 기니피그, 퀴노아, 안데스 민트 등 지역의 재료를 활용해 여러 조리법을 적용한 메뉴가 준비돼 있었다. 겉모습과 특유의 냄새로 인해 외국인이 접근하기 힘든 요리 중 하나인 쿠이는 (어쩌면 범접하기 어려운 모습 때문에 관광객의 호기심을 유도하기도 하지만) 혐오스러운 모습을 깔끔히 없애고, 다양한 맛을 첨가해 세련된 요리로 재탄생했다. 지역의 전통과 이야기를 살리고 제철 재료를 사용해서 고급 퓨전 요리를 만든다는 취지를 잘 살린 음식이었다.

그러나 기대가 너무 컸기 때문일까? 아스트리드 이 가스톤에서의 식사는 아쉬움 또한 많이 남겼다. 음식의 가격은 확실히 고급 식당을 지향하

일반적인 쿠이(왼쪽)와 아스트리드 이 가스톤의 쿠이(오른쪽)

고 있었다. 맛의 새로움과 다양성을 추구하려는 의도는 알겠으나 가격만큼의 가치가 있는 것 같지는 않았다. 요란한 음악과 식사 내내 다른 주문을 유도하면서 말을 거는 종업원 역시 음식에 집중하는 것을 방해했다. 왜 '세계 50대 베스트 레스토랑'에 페루의 미식 혁명을 시작한 이 식당이 포함되지 않았는지 알 것 같았다.

다행히도 페루에는 미식 문화를 이어갈 새로운 식당이 속속 등장하고 있다. 미식 혁명은 개인과 정부 차원의 노력이 합해져서 이루어 낸, 페루 국민의 삶에 많은 영향을 미치는 중요한 사건이었다. 이제 막 이름을 알리기 시작한 미식 국가 페루가 정성으로 쌓아올린 성취를 유지하고 더욱 발전시키려면 보다 세심한 관심과 노력이 수반돼야 할 것이다.

▓ 페루와 칠레의 피스코 전쟁 ▓

페루에는 피스코Pisco라는 성인의 국민 음료(국민 술)가 있다. 피스코는 포도주를 증류해서 만든 일종의 브랜디다. 알코올 도수가 대략 35~45도 되는 독한 술이기 때문에 스트레이트로 마시기도 하지만, 피스코 사워Pisco Sour라는 칵테일을 만들어 마시기도 한다. 페루 사람은 물론 페루를 찾는 관광객에게도 인기 있는 음료다. 그런데 이웃 국가인 칠레에서도 피스코를 생산하고, 이를 국민 음료로 여긴다. 페루와 칠레는 자국에서 생산한 포도 증류주에 '피스코'라는 이름을 사용할 권리를 놓고 원조 공방을 벌이고 있다.

피스코의 기원은 에스파냐의 식민지 시대로 거슬러 올라간다. 당시에는 페루 부왕령 안에 오늘날의 페루와 칠레의 영토 일부가 포함돼 있었다. 유럽인은 페루로 포도를 가져와서 재배했고, 미사에서 사용하기 위한 와인을 만들기 시작했다. 이곳에서 생산된 와인은 맛이 아주 훌륭했다. 그런데 페루산 와인의 생산과 수출이 증가하자 16세기에 에스파냐 왕실은 식민지 와인 생산을 제한하고 나섰다. 에스파냐에서 생산한 와인을 아메리카 식민지로 수출해야 했기 때문이다. 그러자 페루에서는 와인 대신 증류주를 만들기 시작했고, 오늘날 페루 남서부 지역에 위치한 피스코 항구를 통해 이 증류주를 수출했다. 이 항구의 이름을 따서 술에도 피스코라는 이름을 붙였다고 한다. 피스코항에서 출발한 배는 페루와 칠레의 해안을 따라 피스코를 유통했고, 유럽까지 진출했다. 1764년 에스파냐 세관 기록에 피스코항에서 수출한 피스코에 대한 기록이 남아 있다고 한다.

피스코에 대한 국내외적 수요는 지속적으로 증가했다. 그러나 독립 전쟁 이후 국제적으로 면화 수요가 늘어나자 페루인은 포도보다 수익성이 더 좋은 면화를 생산하게 된다. 이로써 페루 지역에서 피스코 생산이 크게 줄어들었다.

반면 칠레에서는 피스코 생산이 증가하면서 칠레 피스코가 시장에서 입지를 넓혀 나갔다. 1936년에 칠레는 라 우니온La Unión이라는 도시의 이름을 피스코 엘키Pisco Elqui로 변경하면서 칠레에서 생산하는 포도 증류주에 피스코라는 이름을 사용하겠다는 주장에 힘을 실었다.

한편 페루는 피스코의 원산지이고 더 긴 역사를 갖고 있기 때문에 페루산 포도 증류주에만 피스코라는 이름을 사용해야 한다고 주장한다. 마치 프랑스의 샹파

뉴 지역에서 생산한 탄산 와인만 샴페인이라 하고, 다른 지역에서 생산한 것은 스파클링 와인이라고 해야 하듯이 말이다. 두 나라는 피스코라는 이름을 두고 긴 시간 동안 법적 논쟁까지 벌이고 있다.

피스코라는 같은 이름을 가지고 있지만 사실상 칠레와 페루에서 생산되는 증류주는 상당히 다른 제품이다. 칠레는 머스캣 품종의 포도를 주로 사용하는 반면, 페루는 다양한 품종의 포도를 사용한다. 증류 방법도 다른데, 칠레 피스코는 여러 차례 증류할 수 있는 반면, 페루 피스코는 1번만 증류할 수 있다. 칠레는 숙성하지 않은 투명한 피스코와 나무통에서 숙성을 거친 황금색 피스코를 모두 생산하지만, 페루의 피스코는 나무통에서 숙성하지 않는다. 또한 칠레 피스코는 물을 섞어 알코올을 희석할 수 있으나 페루 피스코는 물을 섞지 않는다. 이처럼 많은 차이가 있으니, 사실상 다른 술로 봐야 한다는 의견도 있다.

다만 페루와 칠레는 식민지 이전에는 잉카 제국에, 식민지 시기에는 페루 부왕령에 함께 포함돼 있었고, 두 곳의 원주민은 모두 케추아어를 사용했다. 포도 증류주를 만드는 문화는 식민지 시대에 생겼으며, 피스코라는 이름은 케추아어에서 비롯됐으니 칠레 또한 피스코라는 이름을 쓰려고 하는 것이다.

피스코라는 이름을 독점해서 쓴다면 수출, 관광 차원에서 경제적 이익에 도움이 될 것이다. 그러나 무엇보다도 이 갈등은 각 국가의 전통 문화와 관련이 있으며, 특히 태평양 전쟁을 통해 칠레에 땅과 자원을 빼앗긴 페루의 자존심과 관련된 문제이기도 하다.

페루와 칠레를 방문한다면, 두 피스코를 비교해 보는 것도 재미있지 않을까?

페루 정치의 혼란,
그 원인은?

2022년 12월 7일, 페루에 도착했다. 택시 기사는 내게 오늘 페루의 대통령이 바뀌었다고 말해줬다. 상황을 보니 페드로 카스티요 대통령이 탄핵됐고, 부통령이던 디나 볼루아르테가 대통령직을 승계했다. 카스티요 전 대통령은 2021년부터 대통령직을 수행했으니, 대통령이 된 지 16개월 만에 물러난 셈이다.

카스티요 전 대통령은 시골의 초등학교 교사 출신이다. 그는 2021년 대선에서 좌파 정당인 자유페루당Partido Político Nacional Perú Libre의 대통령 후보로 출마했다. 1차 투표에서 1위를 차지한 후, 결선 투표에서 우파 후보인 게이코 후지모리(알베르토 후지모리 전 대통령의 딸)를 1퍼센트 미만의 근소한 차이로 이기고 대통령에 당선됐다. 페루 역사상 첫 빈농 출신 대통령이라는 점에서 세계적으로 많은 주목을 받았다. 만연한 불평등과 코로나19로 인한 충격 등 해결해야 할 과제가 많았으나, 취임 초부터 내각

인선에 어려움이 있었다. 카스티요의 짧은 재임 기간 동안 총리와 장관이 줄줄이 교체돼 총리 다섯 명, 재무장관 세 명, 내무장관 일곱 명이 내각을 거쳐 갈 정도였다. 국민들은 정치권의 부정부패에 지쳐 있었다. 더 나은 나라를 바란 국민의 기대에 부응하지 못한 채 각료, 측근, 가족 등이 부패 의혹으로 조사를 받거나 수감되기도 했다. 취임 4개월 만에 의회는 '도덕적 무능'을 사유로 대통령 탄핵안을 발의했다. 첫 번째 시도는 부결됐고 두 번째 탄핵안 또한 부결됐다. 2022년 7월, 세 번째 탄핵안이 가결되면서 결국 카스티요는 대통령직에서 물러났다. 디나 볼루아르테 부통령이 대통령직을 승계했고, 페루 헌정 사상 첫 여성 대통령이 탄생했다.

그런데 대통령이 교체된 후 페루의 분위기가 심상치 않다. 카스티요 전 대통령의 지지자들이 탄핵 결정에 반발하며 거리로 나섰다. 시위대는 카스티요의 석방, 의회 해산, 볼루아르테 대통령 퇴임, 조기 총선 실시 등을 요구하며 주요 도시를 봉쇄하고 불을 질렀고, 경찰서를 공격했다. 과격한 시위였다. 카스티요가 가난한 농촌 지역 주민들의 지지를 받았던 만큼, 시위에서도 그들이 주도적 역할을 했다. 시위는 격화돼 도로 봉쇄, 공항 점거 등으로 확산됐다. 페루 정부는 주요 시위 지역에 비상사태를 선포하고, 야간 통행을 제한하는 등의 조치를 취했다.

대통령의 탄핵과 이어지는 긴 시위는 페루의 정치뿐 아니라 경제에도 매우 부정적인 영향을 미쳤다. 시위가 3개월 이상 이어지면서 도로도 봉쇄했는데, 이동에 제한이 생기자 광업, 관광, 농업 등 여러 분야에서 타격을 받았다. 실제로 내가 페루에 머무는 동안 도로 봉쇄로 관광객이 고립되거나 예약된 일정에 참여하지 못하는 등 곤란한 상황에 직면했다는 소식을 여러 번 접할 수 있었다. 나 역시 업무차 리마에서 쿠스코로 이동해야 했는데, 쿠스코 공항이 폐쇄되고 위험한 시위가 계속돼 리마에서 며

칠간 대기하다가 결국 업무도 다 보지 못하고 복귀해야 했다.

인플레이션은 25년 만에 최고 수준인 약 8퍼센트 상승했으며, 2023년 1월 페루의 GDP는 1년 10개월 만에 처음으로 1.12퍼센트 하락했다. 정치적 혼란은 주변국과의 관계에도 영향을 미쳤다. 아르헨티나, 볼리비아, 콜롬비아, 멕시코 등 좌파 정권이 집권한 주변 국가에서는 카스티요 지지를 표명했다. 특히 멕시코는 카스티요 전 대통령 가족의 망명 신청을 받아들였는데, 페루 정부는 이 결정에 반발하며 주 페루 멕시코 대사를 '페르소나 논 그라타 Persona non grata(외교적 기피 인물)'로 지정하고 추방하기로 결정했다. 2023년 로페스 오브라도르 멕시코 대통령은 페루 볼루아르테 정부의 태평양 동맹 의장직 이양 요청을 거부하기도 하는 등 페루와 멕시코 간의 관계는 악화됐다.

그런데 이와 같은 페루의 정치적 혼란은 이번에 갑자기 나타난 것이 아니다. 페루는 2016년에서 2023년 사이 여섯 명의 대통령이 등장할 정도로 불안정한 상황을 이어왔다.

2017년 12월, 의회는 페드로 파블로 쿠친스키 대통령이 브라질의 대형 건설사인 오데브레시로부터 뇌물을 받았다는 혐의를 들어 탄핵을 추진했다. 그러나 이 탄핵 시도는 무산됐는데, 그 배경에는 쿠친스키가 후지모리 전 대통령의 아들인 민중권력당의 겐지 후지모리와 뒷거래를 했다는 의혹이 있다. 쿠친스키가 수감 중인 후지모리 전 대통령을 사면해 주는 대신, 겐지 후지모리가 탄핵 발의안을 반대하기로 했다는 것이다. 여하튼 쿠친스키 대통령에 대한 첫 번째 탄핵 시도는 이렇게 무산됐다. 그러나 대통령의 대형 부패 스캔들은 대통령 탄핵을 가능하게 하는 조건이었다. 대통령에 반대하는 여론도 크게 형성됐다. 이에 따라 두 번째 탄핵 시도가 진행됐고, 2018년 3월 21일 의회의 탄핵 표결을 하루 앞두고 쿠친스키 대통령은 사임을 결정했다. 그를 이어 마르틴 비스카라 부통령이 대통령직을 승계했다.

초반에 높은 지지를 받지 못했던 비스카라 대통령은 의회를 포함한 정부의 부패를 척결하고자 했고, 시간이 지나면서 점차 국민의 지지를 받기 시작했다. 하지만 강력한 부패 개혁을 추진한 만큼, 그 대상인 의회와의 대립을 피할 수 없었다. 그러던 중 비스카라 대통령이 페루 남부의 모케구아州 주지사로 재임할 때 지역의 인프라 공사 계약을 대가로 건설 회사로부터 뇌물을 받았다는 의혹이 제기됐다. 의회는 다시 '도덕적 무능력'을 이유로 대통령 탄핵안을 발의했고, 2020년 11월 9일에 탄핵안이 가결됐다.

이어서 마누엘 메리노 국회 의장이 임시 대통령직을 맡자 이에 반대하는 시민의 시위가 격렬해졌다. 결국 그는 대통령 수락 선서를 한 지 5일 만에 사의를 표했다. 국회는 메리노 대통령의 사의를 수락하고, 2020년 11월 16일 프란시스코 사가스티 의원을 임시 대통령으로 선출했다. 사가스티 대통령은 임기가 만료되는 2021년 7월 28일까지 직무를 수행했다. 그리고 2021년 대선에서 당선된 페드로 카스티요 대통령이 탄핵되면서 단기간 동안 대통령이 수차례 바뀌는 일이 계속되고 있다.

페루의 정치적 혼란에는 여러 가지 원인이 있었다. 우선 쿠친스키, 비스카라, 카스티요 등이 부패 혐의로 탄핵되거나 탄핵될 뻔했다는 점에서 정치권의 부패가 문제가 됐다. 또한 페루의 정치 조건에서 대통령 탄핵이 상대적으로 간단하다는 점도 하나의 원인이라고 할 수 있다. 페루 의회는 탄핵소추권과 심판권을 갖고 있어 탄핵안 발의와 가결에 필요한 인

원수만 채우면 탄핵에 성공할 수 있기 때문이다(김유경, 2022). 따라서 국민의 의사와 상관없이 대통령을 물러나게 할 수도 있다. 대통령과 의회 간에 갈등이 있을 때, 탄핵으로 문제를 해결하려는 방식이 결국 정치적 혼란을 야기하는 것이다. 정치적 혼란은 곧 사회적, 경제적 혼란으로 이어지고 국민의 삶의 질에 영향을 미치게 된다. 여전히 페루는 혼란한 시기에 있다. 그들이 당면한 문제를 어떻게 해결해 나가는지 주목해 볼 필요가 있다.

페루의 대통령(2016년~2023년)

페드로 파블로 쿠친스키 Pedro Pablo Kuczynski	2016. 07. 28.~2018. 03. 23.
마르틴 비스카라 Martín Vizcarra	2018. 03. 23.~2020. 11. 09.
마누엘 메리노 Manuel Merino	2020. 11. 10.~2020. 11. 15.
프란시스코 사가스티 Francisco Sagasti	2020. 11. 17.~2021. 07. 28.
페드로 카스티요 Pedro Castillo	2021. 07. 28.~2022. 12. 07.
디나 볼루아르테 Dina Boluarte	2022. 12. 07.~2023. 현재

페루 대통령궁

3장

칠레

Chile

칠레는 왜
얇고 긴 나라가 되었을까?

3월 말, 칠레 남부는 가을을 지나고 있다. 기온이 많이 떨어져 아침에는 입김이 나오고, 거의 매일 비가 내린다. 집에서 두꺼운 옷을 입고 담요를 덮고 있다가 화상 회의에 참석했다. 화면 너머로 수도인 산티아고에서 접속한 참가자가 민소매를 입고 선풍기 바람을 쐬는 모습이 보인다. 한 나라 안에서 어떻게 이렇게 날씨가 다를 수 있을까! 기온만 다른 것이 아니다. 남부 지방은 강수량이 많은 반면, 북부 지방은 세상에서 가장 건조한 사막을 이루고 있다. 이는 태평양과 안데스산맥에 둘러싸여 위아래로 길게 펼쳐진 영토에서 나타나는 특성이다. 이렇다 보니, 우리나라에서는 연락할 때마다 빼놓지 않는 계절 인사를 칠레에서는 주고받기가 쉽지 않다. 또 칠레를 여행할 예정이라면 사계절 옷을 준비해야 한다. 그렇다면 칠레는 어쩌다가 이렇게 길고 좁은 영토를 갖게 됐을까?

에스파냐가 아메리카 대륙에 도착하기 이전, 안데스산맥 지역에서 가장 강력한 세력은 잉카 제국이었다. 오늘날 칠레 영토의 북부 지역 또한 당시 잉카 제국의 지배를 받고 있었다. 그런데 그 강력한 잉카 제국이 칠레의 중앙부와 남부는 왜 정복하지 못했을까? 그것은 바로 강력한 토착민인 마푸체인Mapuche이 이 지역에 자리 잡고 있었기 때문이다.

남쪽으로 영토를 확장하던 잉카는 마푸체인의 강한 저항에 결국 마울레Maule강에서 정복을 멈추었다. 잉카 제국의 침략을 막아낸 마푸체인은 자신들의 문화를 유지하며 살고 있었다. 잉카인은 정복하지 못한 저 너머의 땅을 '칠리Chili'라고 불렀다. 이는 원주민어로 '경계, 국경'을 의미했다. 또는 '추위, 눈'을 뜻하는 '칠리Tchili'라고 불렀다는 가설도 있다(칠레는 남쪽으로 갈수록 추워지는데, 칠레 남부에 살고 있는 내 입장에서는 두 번째 가설에 어쩐지 신뢰가 간다).

이후 잉카 제국은 1532년 프란시스코 피사로에 의해 멸망했다. 에스파냐 정복자는 잉카 제국의 남쪽 땅을 '칠레'라고 불렀고, 이것이 오늘날 국가명의 기원이 됐다. 1540년, 피사로의 부관인 페드로 데 발디비아Pedro de Valdivia가 칠레 원정을 떠나 1541년에 산티아고를 건설했다. 그러나 원주민의 저항이 거셌기 때문에 정복은 더디게 이루어졌다. 특히 마푸체인은 매우 강하게 저항했다. 에스파냐와 마푸체 간의 길고 긴 전쟁이 이어졌는데, 이를 아라우코Arauco 전투라고 한다. 이 전쟁을 식민지 약 300년 동안 지속된 것으로 보는 경우도 있지만, 현대 역사학에서는 전쟁이 가장 격렬했던 1550년에서 1656년까지라고 본다. 저항 끝에 마푸체인은 비오비오 강 이남에서 톨텐까지 이어지는 영토를 지켜냈고, 에스파냐와 실질적인 휴전 상태를 유지했다. 에스파냐인은 마푸체인을 아라우코인Araucano이라고 했다. 아라우코는 '적, 야만인, 반란자' 등의 뜻을 갖고 있는 케추아어 '아우카Auca에서 나온 것으로 보인다. 이후 1818년 칠레가 에스파냐에서 독립한 이후에도 한동안 마푸체인의 영토 주권은 존중됐다.

북쪽으로는 사막이 펼쳐지는데, 오늘날 칠레 북부 영토의 3분의 1에 해당하는 지역은 원래 페루와 볼리비아의 영토였다. 그러니까 19세기 중반까지 칠레의 영토는 중앙부에 집중돼 있었던 것이다. 원래부터 긴 나라가 아니었다는 뜻이다. 칠레는 어떻게 영토를 넓혀나갔을까?

마푸체 영토의 편입

칠레가 독립을 이룬 이후에도 주권을 유지하던 마푸체인의 영토에 큰 변화가 생긴다. 곡물의 수요가 증가하면서 농경지를 정복하기 위해 독일을 비롯한 유럽인들이 칠레 남쪽으로 들어오기 시작한 것이다. 더욱이 1860년 11월 17일, 오렐리 앙투안이라는 프랑스 사람이 스스로를 마푸체인이 살고 있던 아라우카니아와 최남부 파타고니아의 왕으로 추대하는 일이 발생했다. 칠레 남부는 농업, 축산, 광업 등으로 다양하게 활용할 수 있는 가치 있는 지역이었다. 엉뚱한 사람이 나타나서 이 지역의 왕이 되려고 하자 칠레 정부는 서둘러 마푸체 영토에 대한 군사 작전을 진행했다. 1866년부터 시작된 이 작전을 '아라우카니아 평정 작전'이라고 한다. 마푸체인은 한동안 칠레 정부의 군사 점령에 저항했다. 그러나 칠레 정부는 수십 년 동안 지속적으로 남부 지역을 점령하기 위한 계획을 수행했다. 그리고 1881년경에는 마푸체인의 영토 대부분을 점령했다.

태평양 전쟁(1879~1884)

한편 세계에서 가장 건조한 사막인 아타카마Atacama는 사실 칠레가 아닌 페루와 볼리비아의 영토였다. 현재 내륙국인 볼리비아도 한때는 태평양에 접한 국가였던 것이다. 페루 남부와 볼리비아 해안으로 이어지는 아타카마 사막에는 은이 많이 매장돼 있었다. 1830년대 영국을 비롯한 유럽 자본이 아타카마에서 칠레 노동자를 동원해 채굴 작업을 하고 있었다. 그런데 이곳에서 대량의 구아노Guano와 초석(질산 칼륨)이 발견됐다. 구아노는 바닷새의 배변물이 퇴적되고 굳어서 생겨난 것인데 주로 천연 비료로 쓰였고, 초석은 화약에 사용되는 자원이었다. 초석 생산이 크게 증가하자, 심각한 경제 위기를 겪던 칠레는 아타카마 사막을 욕심내기 시작했다.

초석 광산을 개발하기 위해 많은 칠레인이 당시 볼리비아 땅이었던 안토파가스타로 이동했다. 볼리비아인보다 칠레인의 수가 더 많을 정도였다. 1866년, 칠레는 볼리비아와 조약을 맺어 국경선을 남위 24도로 설정했다. 그래서 남위 23도에서 25도 사이 지역에서는 양국의 기업이 초석 광산을 개발할 수 있도록 하고, 그곳에서 얻은 초석의 이윤은 동등하게 분배하기로 약속했다. 한편 볼리비아는 1873년에 페루와 비밀 조약을 체결하는데, 두 나라 가운데 하나가 칠레와 전쟁을 할 경우 다른 한 나라는 군사 원조를 지원해야 한다는 내용이었다.

칠레의 광산 회사들은 영국 자본의 도움을 받아 볼리비아의 안토파가스타를 넘어 페루의 타라파카까지 사업 영역을 확장했다. 페루 입장에서 칠레의 사업 확장은 그리 반가운 일이 아니었고, 더욱이 페루의 경제 상황도 그리 좋지 못했다. 페루는 초석의 생산과 판매를 국가가 독점하겠다고 선언했다. 한편 볼리비아는 칠레에 허용했던 사막 개발권을 회수해 버렸고, 안토파가스타의 초석 수출에 고율의 세금을 부과하면서 칠레에 도전장을 던졌다. 볼리비아가 약속을 깨자, 1879년 2월 칠레는 군대를

전쟁 전후 칠레·볼리비아·페루 세 국가의 영토 변화(검은 선은 1929년에 확정된 영토)

보내 안토파가스타를 점령했다. 볼리비아와 페루가 비밀 조약을 맺은 것을 알게 된 칠레는 페루에도 전쟁을 선포했다. 그렇게 시작된 것이 남아메리카의 '태평양 전쟁'이다.

병력만 봤을 때 볼리비아와 페루 연합군의 규모는 칠레 군대보다 훨씬 컸다. 페루가 약 8,000명, 볼리비아는 약 3,100명이었던 반면, 칠레의 병력은 2,500여 명이었다. 그러나 칠레는 상대적으로 우수한 무기 체계를 기반으로 고도로 훈련된 군사력을 거느렸다. 더욱이 영국 자본가 집단의 지지를 받고 있었다. 당시 영국은 볼리비아와 페루에도 투자를 했는데, 왜 칠레를 지원했을까? 영국으로서는 칠레가 초석 지대를 차지하는 것이 영국 자본가에게 유리할 것이라고 판단했기 때문이다. 왜냐하면 칠레는 차관 이자를 성실하게 납부한 반면, 볼리비아와 페루는 이자를 제대로 내지 않았기 때문이다. 또한 페루 정부가 타라파카 지역의 초석 산업을 국유화하는 바람에 영국 역시 피해를 봤던 것이다. 이런 상황에서 영국은 칠레를 지원하기로 결정했다.

전쟁은 칠레의 승리로 끝났다. 삼국이 협정을 체결하고 합의를 본 끝에 오늘날과 같은 국경선이 정해졌다. 칠레는 볼리비아의 안토파가스타와 페루의 타라파카, 아리카 지역을 얻었다. 자원이 풍부한 땅을 확보한 칠레는 초석이나 동과 같은 광물을 수출해 경제적 호황을 맞았으며, 정치적·군사적 강국으로 부상했다. 전쟁에서 승리한 이들을 향한 칠레의 자긍심은 지금도 곳곳에서 확인할 수 있다. 태평양 전쟁에서 공을 세운 사람과 희생자의 이름은 거리나 광장의 이름이 되었다. 한편 패전국인 볼리비아와 페루는 영토뿐 아니라 그 영토에 포함된 자원 즉 수입원을 상실했고, 전쟁 배상금 지불 등으로 인해 외채가 증가해 심각한 경제적 타격을 입었다. 게다가 해안을 빼앗긴 볼리비아는 태평양 진출이 막힌 내륙국이 됐고, 남아메리카 최강국이었던 페루는 칠레에 땅을 빼앗겨 자존심에 큰 상처를 입었다.

서쪽은 태평양으로, 동쪽은 안데스산맥으로 가로막혔던 칠레는 1800년대 후반 북쪽에서는 페루와 볼리비아, 남쪽에서는 원주민과 전쟁을 벌여 남북으로 영토를 확장했다. 그리하여 오늘날과 같이 가늘고 긴 형태의 영토를 갖게 된 것이다.

아옌데와 피노체트는
누구인가?

    칠레 곳곳에서 자주 만날 수 있는 얼굴이 있다. 훈훈한 이미지를 풍기는 이 사람은 누구인가? 바로 1970년 민주 선거로 집권한 사회주의 대통령 살바도르 아옌데Salvador Allende다. 혁명이나 폭력이 아닌 민주적인 방식으로 당선된 이 대통령은 등장만으로도 화제가 됐다.

    칠레는 19세기 말 이래 라틴아메리카 민주주의의 모범 사례로 꼽혀왔다. 칠레가 빠른 속도로 민주주의의 기반을 마련할 수 있었던 것은 식민지 시기 동안 지배 국가의 관심을 받지 못했기 때문이다. 칠레는 북쪽으로 사막, 양옆으로는 바다와 산맥에 둘러싸인 험난한 지형이다. 게다가 호전적인 마푸체인은 에스파냐 정복자에게 강하게 저항했다. 덕분에 오늘날 칠레가 속한 지역은 식민 당국의 주요 관심에서 벗어나 있었다. 사실 식민 지배 기간 동안 에스파냐는 라틴아메리카에 여러 상흔을 남겼

항구 도시 발파라이소의 아옌데 벽화

다. 예를 들면 노동 착취, 대규모의 단일 작물 재배로 인한 폐해 같은 것들이다. 이 시기에 변방에 있었던 칠레는 다른 라틴아메리카 국가에 비해 이와 같은 부정적 유산을 덜 물려받았다. 이는 칠레가 오늘날 라틴아메리카에서 정치경제적으로 발전한 나라가 될 수 있던 중요한 토대였다(곽재성, 2004).

하지만 칠레 역시 격동의 현대사를 경험했다. 그 역사에서 가장 중요한 인물 중 하나가 살바도르 아옌데이고, 또 다른 인물은 아옌데와 완전히 반대쪽에 있는 아우구스토 피노체트Augusto Pinochet다.

오랜 민주주의 전통의 결과, 1970년 칠레 역사상 처음으로 사회주의자 대통령이 당선됐다. 그 주인공이 바로 아옌데다. 아옌데는 1908년 6월 16일 산티아고 근교의 항구 도시인 발파라이소에서 태어났다. 아옌데는 급진당원이자 의사였던 할아버지 라몬 아옌데를 보며 의사의 꿈을 키웠다. 그의 아버지 또한 변호사이자 급진당원이었는데, 이와 같은 가정환경에서 아옌데는 정치에 관심을 갖게 됐다. 1926년 칠레대학교 의과대학에 입학했고, 이때부터 학생 운동에 참여하기 시작했다. 1933년 칠레 사회당이 창당할 때 아옌데는 창설 당원이 됐고, 1937년 발파라이소에서 하원 의원에 당선됐다. 인민 전선Frente Popular 창설에 적극 참여했으며 1939년 보건부 장관으로 발탁돼 1941년까지 재임했다. 1945년 상원 의원에 진출한 이후 네 차례 더 선출됐고, 1966년에는 상원 의장이 됐다. 1952년, 1958년, 1964년 세 차례 대통령 선거에 출마했으나 번번이 낙선했다. 아옌데는 1970년 9월 대통령 선거에 사회당, 공산당, 급진당 등 여섯 개 조직을 포함한 선거 연합체인 '인민 연합Unidad Popular'의 단일 후보로 출마해 드디어 승리를 거두게 된다.

사회주의자가 물리적 혁명이 아닌 민주적 절차에 따라 대통령에 당선됐다는 사실에 전 세계가 주목했다. 아옌데는 평화롭고 민주적인 사회주의로의 이행을 염원했다. 그는 칠레 정치인의 권위주의에서 벗어나 동지 같은 대통령이 되기를 원했다. 그러나 그 역시 혁명가로서 공약에 따라 좌파적인 개혁 정책을 추진했다. 가장 중요하게 생각한 것은 국유화였다. 아옌데 정권은 당시 칠레 수출의 80퍼센트를 차지했던 구리 산업을 비롯해 광업, 국가 기간산업, 금융업 등을 국유화했다. 또한 대토지 소유자로부터 토지를 몰수해 농민에게 재분배하는 농지 개혁을 추진해 농민의 생활 수준 향상에 기여했다. 노동자의 임금 인상을 추진하고, 국유화한 기업의 일자리를 제공했다. 의료·교육·주택 부문에 지출을 확대하고, 어린 학생에게는 무료 우유 급식을 하는 등 복지를 강화했다.

이러한 복지 정책은 국가 재정에 부담이 된다. 그런데 다행히도 아옌데의 임기 첫해에는 구리 가격이 높게 형성돼 있어 구리 수출을 통해 재정을 확보할 수 있었고, 복지 지출도 문제없이 감당할 수 있었다. 아옌데의 개혁 정책으로 인해 단기적으로 경제 성장률이 증가하고 물가 상승률은 감소했으며, 실업률도 떨어져서 국민의 생활 수준이 향상됐다. 그러나 급진적으로 추진한 개혁의 효과는 오래 가지 못했다.

먼저, 기득권 세력과 미국이 거세게 반발했다. 특히 보수 야당 세력은 위기감을 느꼈다. 의회의 다수 의석을 확보한 야당은 반혁명적 법률 제정, 파업 및 테러단 조직 등을 통해 정치경제적 혼란을 조성해 아옌데 정권의 개혁을 좌절시키려고 했다. 한편 미국은 아옌데의 대통령 당선이 매우 못마땅했다. 1959년에 쿠바에서 사회주의 혁명이 성공한 이후 미국은 라틴아메리카에서 제2의 쿠바의 등장을 막는 것을 중요한 목표로 삼고 있었다. 칠레에 사회주의 정권이 들어서면 또 다른 국가에서 사회주의나 공산주의 정권이 들어서는 데 영향을 미칠 수 있다고 생각했다. 뿐만 아니라 당시 칠레에 상당한 투자를 하고 있던 미국은 사회주의적 정책으로 경제적 타격을 입을 수 있었다. 따라서 아옌데가 당선되고 사회주의 정책을 추진하는 것을 가만히 두고 볼 수 없었다. 당시 미국으로서는 어떤 형태로든 칠레에 개입해야 했다.

미국은 우선 아옌데의 집권을 막기 위한 작전을 세웠으나 실패했다. 그러자 점점 본격적으로 아옌데 정권을 압박했다. 다양한 방법으로 경제적 봉쇄 조치를 취해서 칠레 경제를 괴롭게 했고, 정치적으로도 영향력을 행사했다. 경제적으로는 봉쇄하면서도 칠레에 대한 군사 원조는 지속적으로 제공해 군부 내 세력이 아옌데 반대파로 기울도록 했다.

그런가 하면 아옌데의 혁명 정책 자체에도 한계가 있었다. 국제 구리 가격이 하락하자 정권 초기에 호조를 보이던 경제 상황이 악화됐다. 경제가 불안해지자 투자가 감소하고 상품 생산이 줄어들었으며, 물가는 가파르게 치솟았다. 쌀, 콩, 밀가루 등 식료품 암시장이 늘어났다. 인민 연합은 더 강력한 정책과 통치를 요구하는 극좌파와 조심스러운 입장을 취하는 온건파로 나뉘면서 힘이 약해졌다.

1972년에 극우파의 지휘 아래 트럭 운송업자를 중심으로 파업이 일어났다. 칠레는 산악 지대가 많아 철도가 발달하지 않았기 때문에 트럭 운송업자는 식량과 자원 유통에 중요한 역할을 했다. 그런데 이들이 파업을 하자 필수품 공급이 끊겼고 산업 시설도 마비됐다. 인민 연합의 정책에 이념적으로 동조하는 사람들 또한 치솟는 물가를 감당할 수 없었다. 결국, 점점 더 다양한 사람들이 파업에 동참했다. 특히 칠레 경제의 핵심 분야였던 구리 광산 노동자의 파업은 아옌데 정권의 정통성에 큰 타격을 입혔다.

모네다궁

　국내외적으로 압박이 심해지고, 정치경제적인 혼란은 더욱 커져갔다. 그러던 중 미국 중앙 정보국인 CIA의 지원에 힘입어 1973년, 아우구스토 피노체트 장군이 이끄는 군부 쿠데타가 일어났다. 9월 11일 새벽, 발파라이소를 점령한 쿠데타군은 아옌데 대통령에게 24시간 내로 대통령직에서 물러날 것을 요청하는 성명서를 발표했다. 그리고 아침 8시 이후 쿠데타군의 항공기는 대통령 집무실이 있는 모네다궁 상공을 선회하며, 아옌데 대통령에게 외국 망명을 요구했다. 그러나 아옌데는 끝까지 대통령궁에서 국민이 자신에게 부여한 자리, 즉 칠레 대통령으로서의 자리를 지키고자 했다. 결국 그는 라디오 방송을 통한 대국민 담화에서 다음과 같은 말을 남기고 생을 마감했다.

"칠레 만세! 민중 만세! 노동자 만세!"

아옌데 정권이 막을 내린 후 쿠데타를 주도했던 아우구스토 피노체트는 권위주의적 군사 정권을 수립하고 17년간 강압적으로 칠레를 통치했다. 피노체트는 먼저 육군, 해군, 공군, 경찰군 소속의 4인으로 이루어진 군사 평의회 의장으로 취임했다. 군사 평의회는 초법적 기구로 기능하다가, 1974년 피노체트가 대통령에 취임한 이후에는 입법부 역할을 했으며 칠레 사회의 재건을 위해 모든 정당과 의회를 해산했다. 노동조합 활동, 파업 및 단체 교섭을 금지했고 수천 명의 국민을 투옥하고 고문한 뒤 살해했다. 심지어 해외에서도 테러 활동을 서슴지 않았다. 국민 100명당 한 명이 적어도 한 번씩 체포됐을 정도였다(벤자민 킨, 키스 헤인즈-하, 2014).

피노체트는 아옌데의 개혁 정책을 무효화하고 완전히 상반된 경제 정책을 추진했다. 그는 미국 시카고 대학의 밀턴 프리드먼 교수의 이론에 따라 시장의 원리를 좇는 신자유주의적 시장 경제 정책을 시행했다. 이 정책은 프리드먼 교수 밑에서 공부하고 돌아온 경제학자, 이른바 '시카고 보이스Chicago Boys'가 주도했다. 경제적으로는 국가의 간섭을 줄이고, 국영 기업 민영화, 규제 철폐, 무역 장벽 해소 등 전면적인 대외 개방 정책을 추진했다. 또한 대규모 해외 자본 유치를 위해 높은 이자율을 유지했다. 결국 외국 자본이 대규모로 유입됐는데, 이는 생산 분야에 투자되기보다는 주로 부동산 투기나 국영 기업 구매에 쓰였다. 시장 친화적인 경제 정책의 결과 인플레이션이 떨어졌고, 높은 성장률도 기록했다. 그러나 이는 피상적인 성장이었다. 1991년 1인당 외채 비율은 세계 최고 수준을 기록했고 빈부 격차가 커졌다. 농산물의 생산과 수출을 장악했던 내지주는 큰 이익을 얻고 더 부유해졌지만, 그 이익이 농민에게 돌아가지는 않았다. 경찰의 탄압은 강화됐고 복지는 축소됐다. 농민들은 높은 실업률과 고용 불안정으로 인한 생활고를 견뎌야 했다.

피노체트의 가혹한 탄압과 정책의 실패로 반대 세력이 폭넓게 형성됐다. 반대 움직임이 강화되자 피노체트는 1988년 10월 국민 투표를 실시했다. 피노체트 정권을 8년 더 연장할 것인지를 묻는 찬반 투표였다. 독재 정권은 권력을 유지하고자 유권자로 등록한 사람만 투표할 수 있게했다. 피노체트 정권을 무너뜨리기 위해서는 투표를 해야 하는데, 강압적인 정권하에서 유권자로 등록하는 것 자체가 국민에게는 목숨을 거는일이었다. 야권은 최대한 많은 사람이 유권자로 등록하게 해서 반대표를 끌어내야 했다. 이를 위해서는 무엇보다도 '군사 정권의 공포'를 해결하는 게 우선이었다.

이들은 '칠레, 기쁨이 곧 올 것이다Chile, la alegria ya viene'라는 낙관적이고 희망적인 슬로건을 내걸었다. 그리고 칠레의 남쪽에서 북쪽을 오가며 이 슬로건을 외쳤다. 두려움에 유권자 등록을 망설이던 칠레 국민도 희망을 갖게 됐고, 이 움직임에 호응하기 시작했다. 드디어 1988년 10월 국민 투표가 실시됐고, 국민의 약 55퍼센트가 피노체트 정권 연장에 반대표를 던져 반대 진영이 승리를 거뒀다. 피노체트는 투표 결과에 승복하고 대통령직에서 물러나야 했다. 하지만 그는 퇴임 이후에도 영향력을 행사할 수 있도록 이미 대비책을 마련해 둔 상태였다.

다음 대통령 선거에서는 중도 좌파 연합인 콘세르타시온Concertación의 파트리시오 아일윈Patricio Aylwin이 승리하며, 칠레는 다시 민주화의 길로 들어서게 됐다. 독재 정권을 끝내고 민주적으로 선출된 정부는 수많은 과제에 직면했다. 여전히 많은 기구에서 피노체트와 군부 독재 세력이

모네다궁 앞 헌법 공원에 세워진 아옌데 동상

한 권으로 읽는 라틴아메리카 이야기

권력을 유지하고 있었다. 군부가 물러가고 문민정부로 이행하는 대가로 새 정부는 피노체트가 도입한 헌법을 받아들이기로 했다. 그뿐만 아니라 살인과 고문 등을 저지른 군 관련자에 대한 면책권을 연장해야 했다. 1988년, 국민이 의견을 모아 독재자를 퇴출하고 민주주의로 이행한 것은 상당히 의미 있는 사건이었다. 그러나 과거 청산이 제대로 이루어지지 않았으며, 신자유주의 경제 정책을 유지하며 불평등과 빈부 격차 문제도 해결할 수 없었다.

한편 칠레 국민들은 1990년 9월 아옌데의 유해를 발굴해 산티아고에서 다시 성대한 장례식을 치렀다. 2000년 6월에는 산티아고 대통령 집무실 뒤편 헌법 광장에 아옌데의 동상이 세워졌다. 동상에는 '나는 칠레와 칠레의 운명을 믿는다'라는 글귀가 쓰여 있다.

칠레는 1980년 피노체트 군사 독재 정권 시절에 제정된 헌법을 바꾸기 위한 과정을 추진했다. 2022년 9월 개헌안에 대한 투표를 진행했으나 부결됐고, 2023년 12월 다시 새 헌법 채택 여부를 묻는 국민 투표를 진행했으나 이 또한 부결됐다. 칠레의 개헌 과정은 결코 쉽지 않아 보인다. 앞으로 칠레가 불평등을 비롯한 경제·사회적 문제를 어떻게 해결해 나가는지 지켜볼 필요가 있다.

누에바 칸시온,
민중을 사랑한 예술가

1960년대, 세계적으로 풍요로움을 누리게 되면서 자유와 민주화를 요구하는 운동이 각처에서 일어났다. 그러나 라틴아메리카 민중 대부분은 에스파냐 식민지 시대부터 내려온 사회적 차별과 외국인의 지하자원 잠식 등으로 인해 여전히 힘든 삶을 살고 있었다. 게다가 부패한 정권, 독재 정권에 의해 생존권을 위협받기도 했다.

이러한 시기에 등장한 누에바 칸시온Nueva Canción은 '새로운 노래'란 의미로, 일종의 저항 운동이었다. 부패 정권, 독재 정권 그리고 강대국의 경제적 착취로 고통받는 민중의 아픔에 동감하며, 라틴아메리카의 민족 음악을 수집하고 연구해 그들의 정체성을 찾고 민족적 자부심을 일깨워 현실을 극복하고자 시작된 것이다.

누에바 칸시온 운동이 가능했던 것은 아르헨티나의 아타우알파 유판

아타우알파 유판키**12**　　　비올레타 파라**13**

키Atahualpa Yupanqui와 칠레의 비올레타 파라Violeta Parra와 같은 선구자가
있었기 때문이다. 아타우알파 유판키는 1940년대부터 아르헨티나 전역
을 여행하면서 지방을 떠도는 유랑 시인인 파야도르Payador의 즉흥시에서
유래한 노래와 지역의 민요를 수집했다. 그리고 전통에 기초를 둔 새로
운 소재의 음악을 만들어 냈다. 기타 반주에 적절한 노랫말을 붙여 마치
친구에게 말하듯 노래하는 그의 창법은 누에바 칸시온의 모델을 제시했
다고 평가받는다.

　비올레타 파라는 1950년부터 자녀들과 함께 안데스 지방의 민속 음악
총 3,000여 곡을 찾아내『칠레 민요Folklóricos Chilenos』라는 책을 출간하고,
레코드와 라디오를 통해 수집한 노래를 대중화하는 작업을 했다. 그녀는
상업적으로 변해버린 대중음악을 비판하고 현실에 저항하는 노래를 불
렀으며 차랑고, 케나, 삼포냐와 같은 원주민의 악기를 포크 음악에 최초
로 도입했다.

　비올레타의 자녀 이사벨Isabel과 앙헬Ángel은 산티아고에 오늘날의 라이
브 카페라고 할 수 있는 '페냐 데 로스 파라Peña de los Parra'를 열었다. 초기

누에바 칸시온의 주역이 된 대부분의 인물들은 이곳을 중심으로 활동하며 칠레 음악의 미래를 놓고 열띤 토론을 벌이기도 했다. 이후 이러한 형태의 페냐(라이브 카페)가 많은 지역에 생겨나면서 페냐는 누에바 칸시온의 요람으로 발전했다.

1960년대 아타우알파 유판키의 음악은 메르세데스 소사Mercedes Sosa에게로, 비올레타 파라의 정신은 빅토르 하라Victor Jara에게 이어져 1970년대 아르헨티나와 칠레의 군부 독재에 저항하며 민중을 대변하는 노래가 등장했다. 누에바 칸시온이 라틴아메리카 전역으로 뻗어 나가게 된 가장 직접적인 계기는 칠레 아옌데 정권이 붕괴될 때 빅토르 하라가 처참하게 살해된 사건이었다.

빅토르 하라(Victor Jara)

1973년 9월 11일, 산티아고의 날씨는 화창했다. 그런데 라디오에서는 "산티아고에는 비가 내린다"라는 말이 흘러나왔다. 이 방송에 맞춰 피노체트의 쿠데타군은 대통령궁과 100m가량 떨어진 국방부 건물 옥상에서 대통령궁을 향해 발포했고, 탱크를 앞세워 아옌데 대통령이 있는 대통령궁으로 쳐들어갔다. '산티아고에 비가 내린다'는 군사 쿠데타의 작전 명령이었다. 살바도르 아옌데는 1970년 세계 최초로 선거를 통해 사회주의 정부를 수립했다. 이 사건은 쿠바 혁명과 더불어 서구의 제국주의적 지배와 간섭에서 벗어날 수 있다는 가능성을 보여주며 라틴아메리카 지성인의 적극적인 호응을 받았다.

빅토르 하라는 누에바 칸시온 운동에 참여해 고통받는 가난한 민중을 위한 노래를 불렀고, 아옌데 대통령의 선거 유세에도 적극 참여한 인물이었다. 그는 1932년 산티아고 인근 론켄의 소작농인 아버지와 원주민

혈통의 어머니 사이에서 태어났다. 그의 어머니는 마을 잔치에 초청돼 노래를 부를 정도로 음악에 소질이 있었는데, 아마 빅토르 하라는 어머니의 재능을 이어받은 듯하다. 군 복무를 마치고 고향에 돌아와 포크 음악과 안데스 민속 음악을 공부하던 그는 연극에 매료돼 칠레대학교 연극과에 진학했다. 대학 재학 중 학생 운동에 참여했고, 민속 앙상블단인 쿵쿠멘Cuncumén에 합류하면서 1957년 비올레타 파라를 만났다.

비올레타 파라는 매우 극단적인 성격이어서 노래를 하고자 하는 사람의 실력이 시원치 않으면 집어치우라고 이야기하곤 했는데, 빅토르 하라에게만은 노래를 적극적으로 권했다. 하라는 쿵쿠멘 멤버이자 예술 감독으로, 누에바 칸시온 운동에 적극 참여하면서도 연출자로 활동을 계속해 칠레대학교의 연극과 교수가 됐다. 1965년 파라 남매의 '페냐 데 로스 파라'에서 비로소 그의 인생에 변화가 시작되는데, 이 파라 페냐를 통해 가수로서 명성이 알려진 것이다. 때마침 파라 페냐가 인기를 끌면서 많은 지역에서 페냐가 생겨났고, 빅토르 하라는 다양한 곳에 초대돼 노래했다. 결정적으로 그는 1969년 '제1회 칠레 누에바 칸시온 페스티벌'에서 〈어느 농민에게 바치는 탄원의 기도Plegaria a un labrador〉라는 곡으로 대상을 받으며 노래를 자신의 운명으로 받아들이게 된다.

1970년 살바도르 아옌데의 대통령 선거는 칠레의 누에바 칸시온 역사에도 주요 전환점이 됐다. 많은 예술가가 선거 캠페인에 참여했는데, 빅토르 하라도 라틴아메리카의 변화를 열망해 아옌데를 지지하며 적극적으로 선거 유세에 나섰다. 빅토르 하라와 동료들이 부른 〈우리는 승리하리라Venceremos〉는 아옌데의 집회에서 널리 사용됐고, 결국 아옌데는 선거에서 승리했다. 이후 누에바 칸시온 예술가는 칠레 안팎에서 친親아옌데 홍보 사절이 됐다.

빅토르 하라와 민간인 5,000명이 잡혀 있던 복싱 경기장. 흰색 의자가 빅토르 하라가 앉아 있었던 자리로 추정된다.

그러나 남아메리카에 사회주의가 확산될 것을 우려한 미국은 경제 봉쇄 등 모든 수단과 방법을 동원해 아옌데 정권의 붕괴를 시도했고, 미국의 지원을 받은 피노체트 장군이 군사 쿠데타를 일으켜 아옌데 정부를 무너뜨렸다.

이후 피노체트 군사 독재 정권에 의해 무차별 대량 학살이 자행됐다. 빅토르 하라도 임시 수용소로 변한 복싱 경기장 칠레 스타디움으로 끌려갔다. 당시의 칠레 스타디움은 그야말로 지옥이었다. 그곳에 끌려 온 5,000명의 민간인은 심문과 고문을 받았고 처형됐다. 거친 위협과 광기 앞에 사람들은 공포에 떨었다. 만약 반항하거나 흥분하면 피노체트의 군인들이 거침없이 기관총을 쏘아댔다. 공포에 못 이겨 스스로 관중석으로 몸을 던져 자살하는 사람도 있었다. 빅토르 하라가 이곳에 끌려 온 직후 죽음을 직감하고 급하게 동료들에게 남긴 「우리는 오천 명입니다Somos Cinco Mil」라는 글을 통해서도 그곳의 처절한 상황을 느낄 수 있다. 노래할 수 있으면 해보라는 장교의 조롱에 빅토르 하라는 인민 연합 찬가인 〈우리는 승리하리라〉를 부르기 시작했다. 이윽고 그곳에 잡혀 온 이들의 합창으로 이어지자 군인들은 빅토르 하라에게 폭력을 가했고, 기타를 치던 그의 두 손을 소총 개머리판으로 부러뜨렸다. 결국 그곳에서 동료들과 격리된 빅토르 하라는 9월 16일 이른 아침 산티아고 인근 교외에서 시체로 발견됐다.

2009년 사망 원인 규명을 위한 법원의 명령에 따라 빅토르 하라의 시신을 발굴하고 조사한 에스파냐 법의학자 프란시스코 에체베리아와 인스브루크 유전 연구소에 따르면 빅토르 하라는 44발의 총을 맞았고, 30군데 이상이 골절됐다. 빅토르 하라는 피노체트 정권에 의해 죽거나 실종된 최소 3,065명, 고문당한 3만 8,000명 이상의 희생자 중에서도 가장 눈에 띄는 희생자다.

쿠데타 이후 피노체트 정권은 누에바 칸시온 계열의 노래를 금지했고, 파라 페냐와 같이 누에바 칸시온과 연관된 모든 곳은 강제로 문을 닫아야 했다. 그뿐 아니라 케나, 차랑고, 삼포냐 같은 안데스 전통 악기의 사용마저 금지했는데, 누에바 칸시온 계열의 노래꾼이 많이 사용했기 때문이다. 원주민 악기를 쓰는 것 자체가 민중을 대변한다는 뜻으로 인식된 것이다.

그러나 빅토르 하라의 죽음 이후 누에바 칸시온은 본격적으로 라틴아메리카 전역으로 퍼져 나갔고, 가사도 점점 더 정치적 성격을 띠기 시작했다. 2018년 7월 3일, 칠레 사법부는 빅토르 하라 살인죄로 여덟 명의 군인에게 징역 15년을 선고했다.

파블로 네루다(Pablo Neruda)

"모든 꽃을 꺾을 수는 있어도, 봄이 오는 것을 막을 수는 없다".

「시가 내게로 왔다」라는 시로 우리에게 잘 알려진 시인 파블로 네루다 Pablo Neruda의 말이다. 그는 칠레인에게는 민중과 함께 조국을 위해 살다 간 '민중 시인'이었고, 라틴아메리카인에게는 사랑과 존중의 대상이었다.

파블로 네루다는 1904년 기차 기관사였던 아버지와 초등학교 교사였 던 어머니 사이에서 태어났다. 어머니는 그를 낳은 직후 사망해서 그는 새어머니 밑에서 자라야 했다. 성격이 온화한 새어머니는 네루다를 정성 으로 보살폈다. 네루다는 10세 때 새어머니를 위해 감사의 뜻을 담아 헌 정시를 지었는데, 이것이 그가 처음으로 쓴 시라고 한다.

네루다의 본명은 리카르도 엘리에세르 네프탈리 레예스 바소알토 Ricardo Eliécer Neftalí Reyes Basoalto다. 그의 아버지는 그가 시인으로 사는 것을 원치 않았기 때문에 네루다는 필명을 사용했다. '파블로 네루다'라는 필 명은 체코의 작가 얀 네루다의 성과 성경 속 인물인 바울의 에스파냐어 식 이름인 파블로를 따서 만든 것이다. 그는 나중에 파블로 네루다로 법 적 개명을 했다.

네루다는 1921년 산티아고 사범대학 불어교육과에 입학한 후 본격적 으로 창작 활동에 전념하는데, 1924년 열아홉 살에 쓴 시집『스무 편의 사랑의 시와 한 편의 절망의 노래Veinte poemas de amor y una canción desesperada』 를 통해 라틴아메리카 최고의 시인이라는 찬사를 듣게 된다. 이처럼 사 랑의 시를 쓰던 그가 투쟁과 저항의 시를 쓰게 된 것은 페데리코 가르시 아 로르카Federico García Lorca의 죽음 때문이다.

로르카는 세르반테스 이후 20세기 에스파냐 최고의 시인이자 극작가로 인정받는 사람이었다. 네루다의 시를 에스파냐와 유럽에 알릴 수 있도록 도와준 인물이기도 했다. 이를 통해 두 사람은 깊은 우정을 나누게 된다. 그런 로르카가 에스파냐의 독재자 프랑코가 이끄는 군부 세력에 의해 살해되자 네루다는 에스파냐 내전에 국제 의용군으로 참전했고, 이후 공산당원이 됐다.

1945년, 네루다는 아타카마 사막 지대 초석 광산 노동자의 전폭적인 지원을 받아 상원 의원에 당선되면서 정치 생활을 시작했다. 당시 대부분의 초석 광산을 강대국이 차지하고 이윤을 가져갔기 때문에 광산 노동자의 삶은 비참했다. 엎친 데 덮친 격으로 1946년부터 구리와 초석 수요가 감소해서 칠레 경제가 매우 어려워졌다. 이때 네루다는 민중의 편에서 정의를 주장한 가브리엘 곤살레스 비델라의 선거를 지원했고, 비델라가 대통령에 당선됐다.

그러나 대통령에 당선된 비델라는 선거 당시 공산당과 체결한 협약을 파기한 뒤 공산당을 불법화하고 탄압했다. 이에 네루다는 1948년 1월 6일 상원에서 대통령을 탄핵하는 내용의 의회 연설문 「나는 고발한다Yo Acuso」를 발표하며 비델라를 격렬히 규탄했다. 이 일로 대법원은 네루다가 상원 의원이었음에도 그의 면책 특권을 박탈하고, 국가 원수 모독죄로 체포 영장을 발급했다. 네루다는 친구들의 도움을 받아 발파라이소에 있는 어느 집 지하에 숨었다가 안데스산맥을 넘어 아르헨티나로 탈출했다. 이후 그는 여러 나라에서 고난의 망명 생활을 겪게 된다. 그러나 이 시기에 그의 최대 걸작이라 할 수 있는 시집『모두의 노래Canto General』가 탄생했고, 그는 유럽과 러시아, 중국에서 강연회와 시 낭송회를 열어 이름을 널리 알렸다.

살바도르 아옌데 대통령과 파블로 네루다[14]

1952년 그에 대한 검거령이 철회되자 네루다는 4년간의 망명 생활을
마치고 귀국했다. 그는 1969년 대통령 선거에서 공산당 후보로 지명됐
지만 야권의 분열을 막기 위해 아옌데를 인민 연합의 단일 후보로 추대
하고 본인은 후보에서 사퇴하는데, 이 1970년 선거에서 살바도르 아옌
데가 대통령으로 선출됐다. 아옌데 대통령은 네루다를 파리 주재 대사로
임명했다. 1971년 10월 21일, 네루다는 그간 여러 차례 후보로만 올랐던
노벨 문학상에서 마침내 수상자로 선정됐다.

그러나 암이 발병해 1973년 대사직을 사임하고 귀국하게 되는데 그해
에 피노체트의 군사 쿠데타가 일어났다. 병상에서 쿠데타 소식을 들은
네루다는 아내에게 쿠데타군이 사람을 죽이고 빅토르 하라의 두 손을 뭉
갠 뒤 그의 몸을 갈기갈기 찢어놓았다고 말하며 분개했다고 전해진다.
쿠데타의 충격 때문인지 네루다의 건강은 급속도로 나빠졌고 결국 그는

한 권으로 읽는 라틴아메리카 이야기

1973년 9월 23일 10시 30분, 쿠데타가 일어난 지 12일 만에 세상을 떠났다. 망명을 위해 출국하기 하루 전이었다. 피노체트 군부의 공식 발표에 따르면 그의 사망 원인은 암이었다. 그러나 그가 갑자기 사망한 것을 두고 끊임없이 독살설이 나돌았다. 2017년 칠레와 국제 전문가 그룹은 네루다가 암으로 죽은 것이 아니라고 결론지었으나, 무엇에 의해 죽었는지는 알 수 없다고 밝혔다.

그리스의 위대한 음악인이자 저항 음악가로 유명한 미키스 테오도라키스Mikis Theodorakis는 파블로 네루다의 『모두의 노래』를 대본으로 한 오라토리오를 작곡했었다. 그러나 1973년 칠레 공연을 앞둔 시점 쿠데타로 공연이 무산됐고, 며칠 뒤 네루다가 사망했다. 결국 이 공연은 피노체트 군부 독재가 물러난 후인 1993년에야 개최됐다.

살바도르 아옌데, 빅토르 하라, 파블로 네루다 이 세 사람은 피노체트 군사 쿠데타가 일어나기 이전 칠레의 사회주의를 상징하던 인물이다. 이들은 민중을 뜨겁게 사랑했고, 노래와 시를 통해 그것을 표현했다. 그리고 소신에 따라 민중을 위해 자신들의 삶을 불태우고 사라져 갔다.

벽화로 전달하는
대중의 이야기

산티아고 인근의 발파라이소는 벽화로 유명한 관광지다. 그런데 발파라이소가 아니더라도 칠레, 특히 산티아고 거리를 걷다 보면 골목을 채운 그림과 글을 보느라 심심할 틈이 없다. 아름답고 정돈된 그림이 있는가 하면 요상한 그림도 있고, 학창 시절 공책에 끼적이던 낙서 같은 그림이나 글도 있다. 공통점이 있다면, 이 그림들이 모두 무언가를 이야기하고 있는 듯한 느낌이 든다는 것이다.

멕시코가 혁명의 이상을 대중에게 전달하기 위해 위에서부터 아래로 벽화 운동을 펼쳤다면, 칠레는 멕시코와 또 다른 특징의 벽화 문화를 갖고 있다. 칠레 대중은 그림을 통해 정치에 참여해 왔다. 즉 벽화로 자신들의 이야기를 전하려고 한 것이다.

1962년 호세 발메스José Balmes, 그라시아 바리오스Gracia Barrios 등 칠레

예술가를 중심으로 '시그노 그룹Grupo Signo'이 탄생했다. 시그노 그룹은 기존 예술의 전통과 규칙, 엄격함 등에서 벗어나 재료와 기법에 중요성을 부여했다. 다양한 질감을 표현하고, 붓뿐 아니라 헝겊이나 손으로 물감을 칠하기도 했으며 정치·사회적 문제를 다루는 신문 기사나 사진을 콜라주 기법으로 표현하기도 했다.

1968년에는 '라모나 파라 단체Brigada Ramona Parra'가 창설됐다. 라모나 파라라는 이름은 1946년 산티아고에서 열린 시위에서 경찰의 총에 맞아 죽은 20세 공산주의자의 이름에서 가져왔다. 이들은 공공장소에 칠레 좌파의 정치적 메시지를 표현했는데, 초기에는 특히 아옌데 후보를 선전하

베야비스타(Bellavista) 구역의 벽화

칠레 노동자 연맹(Central Unitaria de Trabajadores)의 라모라 파라 단체 벽화

기 위한 그림을 주로 그렸다. 1970년 이전까지 라모나 파라 단체를 비롯한 좌파 벽화 단체는 비밀리에 작업하곤 했다. 그러다가 1970년 사회주의 대통령인 아옌데가 취임하자 인민 연합 정부의 지원하에 공개적으로 많은 공공 벽화를 그리게 됐다. 전례 없는 규모의 사람들이 도시의 거리와 벽에 자신의 권리를 주장하기 시작했다.

라모나 파라 단체는 주로 대학생, 고등학생, 노동자 등으로 구성돼 하나의 팀으로 협업했다. 이들은 상징적인 광장 등 전략적으로 택한 장소에 그림을 그려 정치적 메시지를 전달했다. 그들의 그림은 독특한 특성을 갖는데, 불규칙한 선을 굵게 그리고 다양한 색을 사용해 단순한 듯 복잡한 느낌을 준다. 특히 그림에 노동자, 주먹, 망치와 낫, 새 등의 형상을 자주 사용했다. 대규모 벽화 작품도 등장했는데, 마포초Mapocho 강에 그린 벽화가 유명하다. 이는 1972년 칠레 공산당 창립 50주년을 기념하며 시그노 그룹의 멤버였던 호세 발메스, 그라시아 바리오스와 함께 제작한 것이다. 그들은 약 450m에 달하는 벽에 칠레 공산당과 노동 계급의 역사를 묘사했다.

그러나 정부의 예술 활동 지원은 오래 지속되지 못했다. 1973년 9월 11일 쿠데타 이후 상황이 완전히 바뀌었다. 피노체트 군부 정권은 아옌데의 경제정책을 완전히 뒤집었듯이, 예술정책에서도 좌파의 흔적을 치우기 위해 '청소 작전Operación limpieza'을 시행했다. 이를 통해 아옌데 정권을 떠올리게 하는 모든 벽화와 좌파 정책에 관련된 다양한 매체를 모조리 없애고자 했다. 무자비한 독재 정권은 예술 또한 억압하고 감시했다. 현실 참여적인 미술가 중 일부는 살해당했고 일부는 감금되거나 추방됐다. 해외로 망명해서 직접 저항하는 방식으로 작업을 이어 나가는 사람도 있었다. 그러나 칠레에 남은 미술가는 우선 침묵하면서 감시와 검열을 피하기 위한 방법을 모색했다. 이들은 이전의 미술과는 다른 매체나 형식을 통해 저항의 메시지를 전달하면서 독재 정권의 감시를 피하고자 했다. 그리하여 사진, 공식 문서, 예술가 자신의 몸을 사용해 독재 정권의 고통과 문제점 등을 표현했다.

행동주의 아트 컬렉티브인 '카다(CADA)'는 도시에서 다양한 퍼포먼스를 진행했다. 그중 하나가 바로 'No +' 슬로건의 제안이었다. 1983년 9월은 피노체트 정권이 들어선 지 10년이 되는 때였다. 라모나 파라 단체와 시그노 그룹의 미술가가 협업해 마포초강 둑 벽에 그렸던 칠레 공산당 창립 50주년 기념벽화는 쿠데타 직후 제거됐다. 카다는 바로 그 자리에 No +라는 슬로건을 내걸었다. No +는 '~는 이제 그만!'이라는 의미다.

1988년 국민 투표 당시 반대(No) 진영의 로고**15**

그라피티 형식으로 강둑에 이 슬로건을 적어두자, 대중은 이를 활용해 문장을 만들어 나갔다. No + dictadura(독재는 이제 그만), No + hambre(배고픔은 이제 그만), No + miedo(두려움은 이제 그만) 등의 기호가 도시 곳곳에 나타나기 시작했다.

사람들은 이 프로젝트를 통해 독재 정권에 대해 자각하고, 자신의 생각을 표현하며 예술에 참여하게 됐다. 1988년 피노체트의 집권 연장을 묻는 찬반 투표에서 반대 진영은 이 슬로건을 로고로 사용하기도 했다. 오늘날에도 도시 곳곳에서 No + 슬로건을 볼 수 있다.

화려한 그림은 아니었지만, 이 프로젝트는 대중의 생각과 태도를 바꾸는 계기가 됐다. 이제 대중은 벽을 장식이나 정치적 홍보만을 위한 공간으로 보지 않았다. 벽에 그려진 그림을 보고 메시지를 받아들이는 수동적인 존재에서 벗어나 점차 예술과 정치의 주체가 돼갔다(박소영, 2019).

이처럼 거리와 벽은 칠레 정치사의 중심이 됐으며, 도시 공간은 지속적으로 경쟁과 토론의 장으로 기능했다. 2019년 칠레 역사상 가장 큰 규모의 시위가 발생했다. 사회가 많이 변했고 기술 역시 발전했기에 이번에는 인스타그램을 비롯한 SNS가 소통에 있어 중요해졌다. 그러나 거리나 벽과 같은 공적 공간의 예술도 다시 한 번 중요한 역할을 수행했다.

2019년 10월에 일어난 시위의 발단은 정부가 10월 6일부터 지하철 요금을 30페소(약 50원) 인상한 것이었다. 그러자 다음 날부터 중고등학생을 중심으로 무임승차가 확산됐다. 정부는 공권력을 동원해 이를 저지하려고 했으나 상황이 더욱 심각해지자 19일 수도권에 비상사태와 통금을 선포했고, 23일에는 이를 거의 모든 주도州都로 확대했다. 한편 22일에는 세바스티안 피녜라 대통령이 대국민 담화를 통해 요금 인상을 철회하고 개혁을 약속하는 '새로운 사회 의제Nueva Agenda Social'를 발표했다. 그러나 대중의 시위는 계속됐으며, 10월 25일에는 칠레 역사상 가장 큰 시위가 전국적으로 발생했다.

칠레 정부는 지하철 요금을 30페소 인상한 것이 이렇게 큰 파장을 일으킬 것이라고는 예상하지 못했다. 특히나 여러 방면을 고려해 학생 요금은 동결했음에도 불구하고, 학생들이 주도적으로 무임승차를 주장하는 상황이 다소 충격적이었을 것이다. 그렇다면 칠레 학생은 왜 무임승차를 주도했을까? 칠레 사람들은 무엇을 위해 시위를 했을까?

역사적인 대규모 시위에 대해서 많은 사람들이 기사와 연구를 통해 그 원인을 분석하기 시작했다. 시위를 촉발한 가장 대표적 원인으로는 '경제적 불평등'이 꼽힌다. 피노체트 정부 때부터 지속돼 온 신자유주의 시장 경제 정책을 바탕으로 칠레는 꾸준한 성장을 이루어 왔고, 그 결과 '신자유주의의 모범생'으로 불리기도 한다. 그런데 그 내면을 들여다 보면 신자유주의로 인한 이익이 소수에 집중되며 빈부 격차가 심화돼 왔다. 민주화 이후 30년이 지났는데도 불평등이 해소되기보다 오히려 악화되고 있다. 신자유주의의 핵심인 '시장 논리'가 교육, 보건, 통신, 교통 등 과거 공공성의 논리가 작동했던 영역에도 침투해서 사회를 시장의 논리로 재구성했다는 것이다. 이러한 대중의 불만은 이미 여러 차례 대규모 시위로 분출됐다. 2006년과 2011년 학생 시위가 대표적이다. 하지만 칠레의 현실은 별로 달라지지 않았다. 그렇게 민주화 이후 30년이 흘렀다. 2019년의 시위는 경제적, 사회적 불만에 정치적 불만이 더해져 역대 최대 규모로 확산됐다. 정부는 비상사태를 선포하고 경찰력과 군사력을 동원했다. 억압적인 진압으로 인해 시위에 참여한 수많은 시민이 강제로 연행되거나 폭행당했으며 목숨을 잃기까지 했다. 이 소식은 SNS를 타고 전국으로 빠르게 확산됐다. 여성은 여성 나름대로, 원주민은 원주민 나름대로 사회의 다양한 계층이 공권력의 폭력을 고발했다. 이는 군사 독재 아래 공권력이 자행했던 무자비한 폭력의 기억을 불러일으켰고, 청산되지 않은 역사에 대한 불만 즉 정치적 불만을 소환했다(박윤주, 2022).

시위대는 '개헌'을 요구했다. 지금의 헌법은 약 40차례 부분적으로 수정된 것이지만, 근본적으로는 피노체트가 집권하던 1980년에 만들어진 헌법에 뿌리를 두고 있기 때문이다. 2021년 대통령에 당선된 가브리엘 보리치는 2011년 교육 개혁을 요구하는 학생 시위의 주도자였으며, 2019년 시위를 이끈 인물이다. 2022년 9월 4일, 보리치 정권에서 준비한 개헌안에 대한 찬반 국민 투표가 진행됐으나 부결됐다. 그리고 2023년 12월 17일, 2차 국민 투표에서도 개헌안이 부결됐다.

2019년에 시작된 싸움이 아직 지속되고 있는 것이다. 이 시위의 과정에서 산티아고의 공적 공간은 다시 그라피티, 포스터, 벽화 등으로 채워졌다. 오늘날의 칠레는 새로운 세대의 새로운 아이디어로 구성된, 1970년대와는 분명 다른 사회다. 그럼에도 여전히 예술은 정치적으로 중요한 역할을 수행하고 있다. 텔레비전이나 신문 등 국가의 입장을 전달하는 매체를 온전히 신뢰하지 못하게 된 사람들은 이제 SNS를 통해 생각을 표현한다. 그리고 전통적으로 소통의 장이 되었던 공적 공간, 특히 도시의 벽면은 여전히 중요한 역할을 담당하고 있다.

그렇다면 자연스럽게 따라오는 질문이 있다.

그라피티 작업 중인 사람

　'건물이나 벽의 주인은 이 벽화를 지우고 싶어 하지 않을까?'

　멋진 그림이라 하더라도 주인의 취향과는 맞지 않을 수 있다. 날려 쓴 정치적 의견이나 요구 혹은 기괴한 그림에 거부감이 들 수도 있을 것이다. 물론 모든 경우에 해당하지는 않겠지만, 일부 건물주는 그라피티를 지우기보다는 오히려 유지하려고 한다. 이 운동을 지지하고 있음을 표현하려는 것이다.

칠레 와인의
달콤한 향기

와인을 좋아하는 사람이라면 '칠레' 하면 가장 먼저 와인을 떠올릴 수도 있을 것이다. 2020년, 칠레는 세계에서 여덟 번째로 많은 양의 와인을 생산했다. 또한 같은 해 우리나라에서 가장 많이 수입한 와인은 칠레산이었다. 우리나라에서 칠레 와인은 가격 대비 좋은 품질로 유명하다. 합리적 가격으로 훌륭한 맛을 느끼기에 적합한 것이다.

그러나 칠레의 와이너리는 가성비 와인이라는 이미지에 만족하지 않고 꾸준한 연구와 새로운 시도를 통해 세계적으로 인정받는 고급 와인 또한 생산하고 있다. 그렇다면 칠레는 어떤 과정을 통해 와인 강국이 될 수 있었을까?

칠레에서 처음 와인을 생산하기 시작한 것은 1548년 전후로 추정된다. 에스파냐인의 식민 지배가 시작된 지 얼마 안 됐을 때다. 에스파냐 정복자는 군사적으로 지역을 정복하고, 이 지역의 경제적 부를 차지하는 것을 중요하게 생각했다. 하지만 한편으로는 원주민에게 가톨릭을 전파하는 것 역시 매우 중요시했는데, 가톨릭 미사에는 와인이 꼭 필요했다. 그래서 에스파냐 성직자는 미사에 쓸 와인을 소량으로 제조하기 위해서 포도 재배를 시작했다. 칠레에 최초로 유입된 포도 품종은 척박한 지형에서 잘 자라면서 가격도 저렴한 파이스País였는데, 이 품종은 칠레 땅에 잘 적응했다. 1551년 에스파냐인은 수도인 산티아고보다 북쪽에 위치한 코피아포와 라 세레나 인근에 최초의 대규모 포도 농장을 형성했다. 식민 정복지가 늘어날수록 포도 재배지 또한 확대됐다. 그러자 17세기 에스파냐는 칠레 와인이 에스파냐 와인과 경쟁하지 못하도록 칠레에 새로운 포도나무를 심는 것을 금지했다. 칠레에는 에스파냐의 포도 품종이 다양하게 유입되지 않았고, 에스파냐식 와인 양조법도 전수되지 않았다. 그 결과 칠레는 에스파냐의 식민 지배를 받았음에도 에스파냐 와인의 영향은 많이 받지 않았다.

1818년 에스파냐로부터 독립을 이룬 칠레는 1830년대에 프랑스의 농학자인 클로드 게이Claude Gay를 고용해서 와인의 품질을 높이고자 했다. 그는 산티아고에 농업 연구소를 설립해 수십 종의 포도나무를 심고 연구하면서 칠레의 와인 산업이 성장할 수 있는 기반을 마련했다.

1851년은 칠레의 와인 산업에서 중요한 해였다. 외교관 실베스트레 오차가비아Silvestre Ochagavia가 프랑스 포도 품종을 칠레로 들여오기 시작한 것이다. 그전까지는 파이스 품종이 지배적이었던 칠레에 카베르네 소비뇽, 소비뇽 블랑, 세미용 등의 품종이 성공적으로 유입됐고 1980년대까지는 이러한 품종을 활용해서 와인을 생산했다. 이후 메를로, 샤르도네 같은 품종 또한 인기를 누리게 됐다.

칠레의 대형 마트에서 카르메네르 와인을 판매하고 있다.

한 권으로 읽는 라틴아메리카 이야기

그리고 막시밀리아노 에라수리스, 루이스 코우시뇨, 멜초르 콘차 이 토로 등 상류층 가문의 사람들이 본인의 이름을 딴 와이너리를 세우기 시작했다. 1851년 상업적 와이너리가 탄생하자 칠레는 유럽으로 와인을 수출하기에 이르렀다.

이때부터 20세기 말까지 약 100년 동안 칠레는 저가 와인을 생산하면서 성장해 왔다. 1980년대에는 세계적인 와인 제조자들이 칠레 와인 산업의 가능성을 보고 투자를 하기 시작했다. 특히 에스파냐의 제조자 미겔 토레스Miguel Torres는 신기술을 들여와서 칠레 와인의 품질을 끌어올렸다. 예를 들어 스테인리스 스틸 탱크의 도입은 발효 온도를 조절하는 데 도움이 됐다. 그래서 1980년대부터 2000년대까지를 칠레 와인의 혁명기라고 한다.

이러한 성장세에 결정적으로 기여한 사건이 있다. 바로 필록세라(포도나무뿌리진디)에 의해 사라진 줄 알았던 포도 품종인 카르메네르carménère가 칠레에 남아 있다는 사실을 발견한 것이다. 필록세라는 북아메리카에 서식하던 해충이었는데, 19세기 중반 와인 연구자가 미국과 유럽을 오가면서 교잡종을 만드는 실험을 하다가 이 해충이 유럽으로 전파돼 포도 경작지를 황폐하게 만들었다. 이때 프랑스 보르도 원산지의 포도 품종인 카르메네르도 멸종된 것으로 알려졌다.

칠레에는 19세기 중반부터 프랑스의 다양한 포도 품종이 들어오기 시작했고 이때 포도나무를 혼재해서 키우는 경향이 있었다. 필록세라가 휩쓸고 간 이후 칠레에서 1993년까지 메를로 품종이라고 생각하며 키우던 나무가 있었다. 그런데 1994년 프랑스의 양조학자인 장 미셸 부르시코Jean-Michel Boursiquot가 이 포도나무의 포도가 유독 늦게 익는 것을 발견하고는, 이 나무가 메를로가 아니라 사라진 줄 알았던 카르메네르라는 사실을 밝혀냈다. 칠레는 북쪽의 아타카마 사막, 동쪽의 안데스산맥, 서쪽의 태평양, 남쪽의 남극 등이 위치해 지리적으로 고립돼 있다. 바로 이러한 특징이 전 세계를 강타한 필록세라로부터 카르메네르를 보호한 것이다. 1996년 데 마르티노De Martino 와이너리가 최초로 카르메네르 라벨을 단 와인을 출시했다. 카르메네르가 남아 있다는 사실 덕분에 많은 사람이 칠레 와인에 새롭게 호기심을 갖고 점차 매력을 느끼기 시작했다. 이후 카르메네르가 칠레 와인의 대표 품종으로 자리를 잡았으며, 칠레는 전 세계에서 독보적인 카르메네르 와인 생산국이 됐다.

1990년대 중반 이후 세계 여러 나라와 자유 무역 협정을 체결하면서 칠레의 와인 수출이 폭발적으로 늘어났다. 말했듯 칠레 와인은 '가성비 좋은' 와인이라는 이미지가 있지만, 꾸준한 연구와 기술 개발을 통해 고급 와인도 생산하고 있다. 1987년 콘차 이 토로Concha y Toro 와이너리가 칠레에서 최초로 프리미엄 와인을 선보였다. 에라수리스 와이너리Viña Errazuriz의 에두아르도 채드윅Eduardo Chadwick 회장은 칠레 고급 와인의 품질을 증명하고 세계적으로 알리기 위해 블라인드 테이스팅을 개최했다. 2004년 개최된 '베를린 테이스팅'에서 에라수리스 와이너리의 대표 와인인 세냐Seña가 1등을, 비녜도 채드윅Viñedo Chadwick이 2등을 차지했다.

당시까지만 해도 칠레 와인은 와인 평론가들에게 크게 인정받지 못했다. 그런데 바로 이 테이스팅 결과를 계기로 상황이 전환됐다. 2017년 빈티지의 경우 세냐와 비녜도 채드윅이 유명 와인 평론가인 제임스 서클링으로부터 각각 99점과 100점을 받았다. 이처럼 칠레에서 고급 와인도 생산한다는 것을 세계에 알리기 위해 노력하고 있다.

칠레는 약 32만 에이커에 달하는 광범위한 지역에서 포도를 재배한

독립 기념일 축제에서 판매 중인 피페뇨, 치차, 테레모토

다. 중앙 계곡의 재배지가 가장 크고 아콩카구아 지역, 남부 지역, 코킴보 지역 등이 뒤를 잇는다. 수많은 계곡에서 와인을 생산하는데, 자연 조건에 따라 품종에 차이가 있다. 칠레 북부의 건조한 사막이나 최남부의 춥고 습한 파타고니아 지역에서도 와인을 생산하기 위해 계속해서 연구하고 있다. 가장 많이 재배하는 품종은 카베르네 소비뇽이며, 그 뒤를 샤르도네와 소비뇽 블랑이 잇는다.

칠레에 방문한다면 맛봐야 할 포도주가 있다. 흔히 우리가 들어본 유명 와인이 아닌 칠레식 포도주다. 대표적으로 피페뇨Pipeño와 치차Chicha가 있다. 피페뇨는 19세기 중반 프랑스의 포도 품종이 칠레에 유입되기 이전에 칠레 사람이 많이 마시던 전통 포도주다. 피파Pipa는 에스파냐어로 포도주나 액체를 담기 위한 통을 의미한다. 피페뇨는 피파에서 숙성시킨 포도주다. 특정 품종의 포도로 만든 고급 와인이라기보다는 짧은 기간 숙성해서 저렴하고 거친 맛의 수제 포도주다. 일반적으로 접할 수 있는 와인보다는 맛이 단순해서 밍밍하다고 느낄 수도 있다.

치차는 원래 남아메리카 원주민이 옥수수를 비롯한 곡물을 약하게 발효해서 마시던 술이다. 그런데 칠레에 포도가 유입되자 원주민이 포도를 이용해 치차를 만들어 마신 것이다. 에스파냐 정복자에 맞서 끝까지 저항했던 마푸체인 또한 포도로 치차를 만들어 마셨다고 한다. 포도뿐 아니라 사과로 만든 치차도 종종 볼 수 있다.

현재까지도 칠레에서는 피페뇨와 치차를 즐기는데, 특히 칠레 최대의 축제인 독립 기념일 기간에 많이 찾는다. 축제 장소뿐 아니라 마트에서도 구할 수 있다. 이 축제 기간에는 피페뇨를 활용한 칵테일인 테레모토Terremoto 또한 인기가 많다. 테레모토는 화이트 피페뇨에 아이스크림(주로 파인애플 맛)을 띄우고 그라나디나와 같은 시럽을 섞어서 빨대로 저어 마시는 음료다. 강한 맛을 원하는 경우에는 피스코 같은 독주를 조금 추가하기도 한다.

칠레 포도주를 이야기하면서 빼놓을 수 없는 것이 포도 증류주인 피스코Pisco다. 16세기 말부터 페루에서 만들어지기 시작해서 피스코 항구를 통해 칠레로 확산됐다. 칠레에서는 주로 북부 코킴보 지역에서 피스코를 생산한다. 알코올 도수가 대략 35도에서 45도 사이의 독한 술로, 주로 피스코 사위Pisco Sour라는 칵테일을 만들어 마신다(p. 138 페루와 칠레의 피스코 전쟁 참고).

☙ 칠레에선 무엇을 먹을까? ❧

칠레를 찾는 우리나라 사람은 백이면 백, 칠레에서 무엇을 먹어야 하는지 묻는다. 그도 그럴 것이 멕시코의 타코, 페루의 세비체, 아르헨티나의 아사도처럼 라틴아메리카 국가마다 유명한 음식 한두 가지는 있는데, 칠레의 대표 음식은 잘 알려져 있지 않기 때문이다. 또 많지는 않아도 우리나라에서도 라틴아메리카의 음식을 맛볼 수 있는 식당이 점점 생겨나고 있지만 칠레 음식 전문 식당은 찾아보기 힘든 현실이다. 게다가 다른 라틴아메리카 국가보다 물가는 비싼데 음식 맛은 만족스럽지 않은 경우가 종종 발생하니, 음식을 먹을 때 아쉽다는 생각이 들기도 한다. 때로는 여행지로서 칠레의 매력을 떨어뜨리기도 하는 것 같다.

칠레 사람이 일상생활에서 즐겨 먹는 음식으로는 엠파나다Empanada, 콤플레토Completo, 초리판Choripan 등이 있다. 엠파나다는 밀가루 반죽 속에 고기, 치즈, 해산물, 약간의 채소 등을 넣고 굽거나 튀겨 먹는 음식이다. 콤플레토는 빵 사이에 소시지를 끼워서 먹는 핫도그인데 토마토, 아보카도, 마요네즈, 양배추 피클인 추크루트Chucrut 등을 함께 얹어서 먹는 것이다. 콤플레토는 에스파냐어로 '완벽한'이라는 뜻인데, 핫도그에 이렇게 많은 재료를 넣어 먹으니 그야말로 완벽한 빵이다. 초리판은 초리소라는 소시지를 그릴에 구워 바게트에 끼운 다음 치미추리 소스 등을 끼얹어 먹는 음식이다. 우리나라 사람에겐 간식 같은 음식인데, 칠레인들이 얼마나 먹을까 싶겠지만 정말 자주 먹는다!

엠파나다와 카수엘라 데 바쿠노(Cazuela de vacuno, 쇠고깃국)

독립 기념일을 앞두고 칠레인 친구가 설레는 목소리로 "독립 기념일은 칠레에서 가장 큰 축제 기간이야! 우리는 이 기간에 가족과 모여서 맛있는 전통 음식을 먹고 치차를 마셔!"라고 말했다. '맛있는 전통 음식'을 먹는다? 이참에 칠레 전통 음식에 대한 정보를 알아볼 겸 친구에게 물었다.

"전통 음식으로 뭘 먹는데?"

친구가 대답했다.

"엠파나다랑 초리판!"

빵의 늪에서 벗어날 수는 없는 것일까? 칠레에 거주해 본 경험을 바탕으로 몇 가지 요리를 소개해 본다.

칠레 여행 중 시원한 국물 요리가 먹고 싶다면, 코미다 카세라Comida Casera라고 쓰인 가정식 식당으로 들어가 보자. 코미다 카세라는 '집에서 만든 음식'이라는 뜻으로, 이렇게 적혀 있는 식당에서는 빵 외에도 다양한 국물 요리와 덮밥을 판다. 카수엘라Cazuela는 냄비 혹은 냄비 요리라는 뜻으로 고기와 채소를 넣고 푹 끓인 국물 요리를 말한다. 만약, 시원한 생선 국물을 먹고 싶다면 칼디오 데 콩그리오Caldillo de Congrio를 선택하면 된다. 칠레식 붕장어탕으로 생선 비린내가 나지 않아 무난하게 먹을 수 있다. 칠레식 내장 덮밥을 체험하고 싶다면 과티타스 알 라 하르디네라Guatitas a la Jardinera가 있다. 내장과 채소를 볶아서 밥과 함께 먹는 음식인데, 익숙한 듯 새로운 맛이다.

그 밖에 여행지에 따라 맛봐야 할 음식이 있다. 특히 우리나라에서는 비싸서 잘 못 먹는 식재료를 푸짐하게 먹을 수 있는 기회이니 놓치지 말아야 한다. 우선 여름(12~2월)에 칠레를 찾았다면 체리, 블루베리, 산딸기 등을 아주 저렴한 가격에 푸짐하게 즐길 수 있다. 싱싱하고 당도도 높아서 칠레에서는 과일을 실컷 먹을 것을 추천한다. 우리나라에서 파는 체리나 블루베리는 많은 경우 칠레산인데, 그 맛이 현지에서 먹는 것과는 비교할 수 없다.

쇠고기 스테이크 또한 저렴한 가격에 색다른 맛을 느낄 수 있는 메뉴다. 칠레의 소는 자유롭게 초원을 거닐면서 자란다. 따라서 한우에 비해 부드러운 맛은 덜하지만, 씹는 맛과 고기의 향이 훌륭하다.

킹크랩 샐러드

한편 남부 지방을 방문했다면 킹크랩 요리인 센토야Centolla 와 양고기 아사도인 코르데로 아사도Cordero Asado를 맛봐야 한다. 칠레에서는 킹크랩의 내장을 먹지 않고 다릿살만 먹는데, 다릿살을 쪄서 발라낸 후 마요네즈와 함께 먹는 엔살라다 데 센토야Ensalada de Centolla는 부담스럽지 않은 가격으로 킹크랩을 푸짐하게 먹을 수 있는 메뉴다. 또한 남부 지방에서는 양을 통째로 꼬치에 꽂은 후 장작불과 거리를 두고 약한 불에 오랜 시간 익히는 아사도Asado가 유명하다.

다양하고 맛있는 음식에 익숙한 우리나라 사람에게 칠레의 맛은 조금은 낯설고 심심할 수 있다. 그러나 우리가 한식을 최고로 생각하듯, 칠레인에게는 이들의 음식이 최고일 것이다. 문화 유적과 자연의 차이를 대하는 호기심과 너그러움으로 칠레의 음식을 먹어본다면 조금 더 맛있는 여행이 되지 않을까?

4장

아르헨티나

Argentina

남미인가,
유럽인가?

아르헨티나의 수도 부에노스아이레스의 풍경은 다른 라틴아메리카 국가와 사뭇 다르다. 여기저기 둘러봐도 대부분 백인이다. 아르헨티나 인구의 약 97퍼센트가 백인이라고 하니, 당연한 풍경이다. 도시 자체에서도 유럽의 향기가 물씬 난다. 유럽 국가의 지배를 받은 대부분의 라틴아메리카 도시에서 유럽의 영향을 확인할 수 있지만, 아르헨티나는 유난히 유럽을 닮아 있다. 아르헨티나에는 왜 백인이 많은 것일까? 왜 유독 유럽 느낌이 나는 것일까?

유럽 같은 분위기의 시작점은 에스파냐의 식민 지배라 할 수 있다. 그런데 사실 식민 지배가 한창이던 시기에 오늘날의 아르헨티나 지역은 식민지 변방으로 큰 관심을 받지 못했다. 큰 제국을 이뤘던 멕시코나 페루와 달리 아르헨티나 지역의 원주민은 한곳에 정착해서 살지 않았다. 적은 수의 원주민이 넓은 지역에 퍼져서 농업과 유목을 하며 살았다. 정치적으로도 분권화돼 있었다. 에스파냐 정복자는 아스테카나 잉카를 정복할 때의 방법을 아르헨티나 지역에 적용하기 어려웠다. 금광이나 은광도 없었다. 원주민 노동력도, 귀금속도 없던 아르헨티나는 에스파냐의 주목을 받지 못했다.

아르헨티나 지역은 식민 시대 대부분 페루 부왕령에 속해 있었다. 페루에는 훌륭한 광산이 있었기 때문에 식민 시대 초기 경제는 광업에 집중돼 있었다. 따라서 아르헨티나는 면화, 쌀, 밀, 가죽 제품 등을 광산이 있는 북쪽으로 운송하며 성장했다. 원주민 노동력 공급이 원활하지 않았던 아르헨티나 지역에 아프리카 흑인이 들어오기 시작했다. 이들은 라 플라타 강을 거쳐 내륙 지방인 코르도바, 투쿠만, 살타 등으로 이동했다가 파라과이, 칠레, 페루 등으로 향했다. 그러나 17~18세기를 지나면서 포토시 광산의 은이 점차 고갈되기 시작했고, 상대적으로 라 플라타 강의 경제적 중요성이 커졌다. 결국 1776년에 라 플라타 부왕령이 세워지게 된다. 이후에도 흑인은 꾸준히 유입됐고, 1810년경 부에노스아이레스 전체 인구 중에서 흑인이 약 30퍼센트를 차지했다.

즉 아르헨티나인이 유럽, 백인의 정체성을 갖게 된 것은 독립 이후라는 사실을 알 수 있다. 이는 19세기 지도자에 의해 정책적으로 만들어진 결과다.

다른 라틴아메리카 국가와 마찬가지로 아르헨티나의 독립도 백인을 중심으로 이루어졌으며, 독립 이후 신생 국가의 지도자는 에스파냐계 백인이었다. 독립 이후에도 지도자들은 유럽 문화를 기준으로 하는 '문명'과 아메리카의 원주민, 흑인 문화로 대표되는 '야만'의 이분법에 사로잡

가우초 문화가 남아 있는 부에노스아이레스의 근교 도시 산 안토니오 데 아레코(San Antonio de Areco)

한 권으로 읽는 라틴아메리카 이야기

혀 백인이 아닌 타 인종에게 적대적이었다.

19세기 지식인 도밍고 F. 사르미엔토는 1845년에 『파쿤도: 문명과 야만Facundo: Civilización y Barbarie』이라는 책을 발행했다. 파쿤도는 팜파스를 기반으로 하던 가우초 출신 카우디요Caudillo(정치, 군사적 지도자)다. 팜파스Pampas는 남아메리카의 대초원으로, 이곳에서 거주하며 유목 생활을 하는 목동을 가우초Gaucho라 한다. 사르미엔토를 비롯한 당시 지식인들은 팜파스를 발달하지 않은 야만적인 곳으로 인식했던 반면, 도시와 유럽 사상은 문명이라고 생각했다. 그리고 유럽 국가들이 성공할 수 있었던 이유는 '백인'이라는 인종적 우월감 덕분이며 파쿤도와 같은 무지한 이들의 존재가 국가의 문명화를 방해한다고 주장했다. 따라서 유럽 출신 백인의 이민을 받아들여 유럽의 발전된 모델을 아르헨티나에 이식하고자 했다. 이에 따라 아르헨티나 인구를 유럽 백인으로 구성하고자 하는 국가적 계획인 '백인화Blanquear 정책'이 등장했고, 이 정책에 의해 원주민, 가우초, 흑인에게는 억압적인 조치가 취해졌다.

이전부터 아르헨티나 원주민은 끝도 없이 펼쳐진 팜파스에 부족별로 흩어져 살고 있었다. 아르헨티나 지도자는 원주민을 학살하고, 비옥한 대평원을 독차지했다. 훌리오 로카Julio Roca 장군이 1878~1885년 '사막의 정복Conquista del Desierto'이라는 작전을 수행해서 아르헨티나 남부의 원주민을 토벌한 것이 대표적이다. 원주민을 몰살하고 새로운 땅을 대규모로 확보한 작전이었다. '사막의 정복'에서 말하는 사막은 일반적인 사막지대가 아니라 문명의 불모지로 여겨지던 건조한 팜파스와 남부의 파타고니아 지방을 지칭한다. 사막의 정복 작전으로 오늘날의 아르헨티나 국경이 거의 확정됐으며, 그 결과 아르헨티나는 독립 무렵보다 두 배 이상 큰 영토를 갖게 됐다. 또한 지도자들은 아르헨티나의 근대화와 문명화를 가로막는 주요 요인인 가우초 문화를 해결해야 한다고 생각했다. 그래서 부랑자법, 강제 징병대 등의 억압적인 조치를 통해 가우초를 통제했다.

흑인은 독립 이후 발발한 다양한 전쟁에 참가하면서 희생돼야 했고, 그 수가 크게 줄어들었다. 또 열악한 환경에서 생활하는 가운데 부에노스아이레스 변두리 빈민 구역을 휩쓴 전염병으로 인해 많은 흑인이 죽었다. 게다가 19세기 후반부터 유럽에서 대량으로 이민자가 유입되면서 결정적으로 흑인의 존재가 무시되기 시작했다.

당시 아르헨티나에 이주한 사람 대부분은 젊은 독신자였고, 이들과 아르헨티나 거주민 사이에 혼혈이 급속히 진행됐다. 유색인 수가 줄어드는 와중에 백인과의 혼혈이 늘어나자 인종 구성에서 점점 백인이 차지하는 비중이 늘어났다.

정부는 또한 아르헨티나가 백인으로 구성된 사회라는 것을 보여주기 위해 인구 조사 등에서 의도적으로 인종의 비율을 조정했다. 예를 들면 '트리게뇨Trigueño'라는 새로운 인종 분류 용어를 만들었다. 이 용어는 에스파냐어로 '밀'을 뜻하는 '트리고Trigo'에서 유래했다. 완전히 하얀색은 아니지만, 밀가루처럼 흰 피부를 가진 인종이라는 의미다. 인구 조사 통계상 트리게뇨가 백인으로 분류되면서 백인의 비율이 큰 폭으로 증가했다.

이렇게 아르헨티나는 유색인 수를 의도적으로 줄이고 유럽 백인을 유입하면서, 또 한편으로는 통계적 조정을 통해 '백인의 나라'라는 이미지를 만들 수 있었다.

콜론 극장 내부

　아르헨티나는 인구를 백인화했을 뿐 아니라 유럽의 문화를 받아들이는 데도 적극적이었다. 아르헨티나인은 유럽의 의복, 생활 양식, 건축 양식 등 유럽의 것을 선호하고 모방하는 경향이 있었다. 부에노스아이레스에는 한때 세계 3대 오페라 극장이었던 콜론Colón 극장이 남아 있어 유럽 문화를 동경하던 흔적을 확인할 수 있다.

❈ 문화를 유지하며 살아가는 아르헨티나의 원주민 ❈

아르헨티나가 백인 국가를 추구하며 실제로 인종을 백인화했다고 하지만, 여전히 원주민도 함께 살아가고 있다. 약 2~3퍼센트가 스스로를 원주민 혹은 원주민의 후손으로 정의한다. 주로 시골 지역에서 사는데, 원주민 인구 비율이 가장 높은

원주민의 도자기 문화

곳은 아르헨티나 북서쪽의 후후이Jujuy주다.

식민지 이전 아르헨티나 북서쪽은 잉카 제국에 포함됐고, 오늘날에도 잉카 시대의 유적이 남아 있다. 그리고 원주민은 야마와 같은 가축을 기르며 그들의 문화를 유지하며 살아가고 있다.

논쟁적 인물,
페론과 에비타

부에노스아이레스 중심부 한 건물의 북쪽 벽과 남쪽 벽에 강철로 만든 한 여인의 초상이 걸려 있다. 그런데 두 측면의 얼굴 표정이 사뭇 다르다. 북쪽의 얼굴이 전투적이고 강렬한 연설자의 모습이라면, 남쪽의 얼굴은 환하고 자애로운 모습이다. 이 여인은 아르헨티나 역사의 논쟁적 인물인 에바 두아르테 데 페론Eva Duarte de Perón이다.

아르헨티나에서 가장 유명한 정치인 중 하나를 고르라면, 후안 페론 Juan Perón을 꼽을 수 있을 것이다. 후안 페론과 그의 아내 에바 페론은 아르헨티나 역사상 평가가 가장 극명하게 갈리는 대표적 인물이다. 아르헨티나의 페론 체제는 라틴아메리카 포퓰리즘의 대명사로 손꼽힌다. 그를 중심으로 한 포퓰리즘의 한 형태인 '페론주의'가 20세기 아르헨티나의 정치, 경제, 문화의 지형을 결정했다. 그리고 그 영향과 방식은 오늘날에

부에노스아이레스 중심의 한 건물 벽에 걸려 있는 에바 페론의 강철 초상

한 상점에 걸려 있는 페론 부부의 초상화

한 권으로 읽는 라틴아메리카 이야기

도 아르헨티나에 영향을 미치고 있다.

그래서 포퓰리즘으로 인한 부작용을 이야기할 때면 자주 언급되는 이름이 바로 후안 페론과 에바 페론이다. 많은 언론 보도와 연구에서 아르헨티나 경제 침체와 사회적 혼란의 원인으로 포퓰리즘, 페론의 노동 친화 정책 등을 꼽는다. 그러나 아르헨티나를 여행하다 보면 국민들이 여전히 그들을 그리워한다는 것을 알 수 있다. 그리고 네스토르 키르치네르, 크리스티나 페르난데스 데 키르치네르, 알베르토 페르난데스 등 페론주의 성향의 대통령들이 최근까지 당선돼 집권해 왔다.

그렇다면 페론의 포퓰리즘이 등장하게 된 배경과 그 특성은 무엇일까? 그리고 그의 정치는 아르헨티나에 어떤 영향을 미쳤을까?

아르헨티나가 한때 세계적 부국이었으며, 유럽인이 돈을 벌기 위해 아르헨티나로 이주해 왔다는 것은 유명한 이야기다. 독립 이후 20세기 초까지 아르헨티나는 비옥한 토지에서 생산한 콩, 밀 등의 곡식과 가축을 수출하며 경제적으로 크게 성장했다. 유럽 국가들이 곡물과 고기를 아르헨티나에서 수입했고, 아르헨티나는 농업을 더욱 키우기 위해 이민자를 받아들여 노동력을 확보했다. 그리고 해외에서 투자 자본을 받아 철도와 식품 가공 공장 등을 지을 수 있었다. 여기에 일정한 속도로 빠르게 상품을 운반할 수 있는 증기선이 발명되고, 긴 시간 동안 고기를 신선하게 운반할 수 있는 냉동선도 발명됐다. 이 모든 조건이 아르헨티나의 놀라운 성장을 가능하게 했다. 생활에 필요한 공산품은 수입해서 사용했다. 즉 아르헨티나의 번영은 농축산품 수출, 공산품 수입, 대규모 해외 자본 유입이 안정적일 때 가능한 일이었다.

그러나 이러한 시스템은 몇몇 위험 요인이 있었다. 국가의 경제가 식료품 수출에 의존하다 보니, 농축산품의 국제 가격이 변하면 국가 경제 전체가 흔들리는 외부 의존적 형태의 발전이었던 것이다. 그뿐만 아니라 아르헨티나 경제는 외국 자본에 대한 의존도 또한 높아서 국제 금융 상황의 변화에 영향을 크게 받았다. 기후에도 민감해서 가뭄이 들어 농축산품의 생산과 수출이 줄어들면 곧바로 경제에 영향을 미쳤다.

또 수출로 얻은 이익 분배에도 문제가 있었다. 공평하지 않았던 것이다. 사회 계층 및 지역 간 격차가 존재했다. 농촌의 대토지 소유주는 부유한 삶을 누린 반면, 대다수 소작인은 당장 먹고사는 것이 문제였다. 도시의 상황도 마찬가지였다. 대지주나 대상인 등으로 구성된 북쪽의 상류층은 귀족 같은 생활을 누렸지만 남쪽에는 가난한 사람이 모여 살았다. 이들은 양철이나 판자로 집을 지어 근처 조선소에서 쓰고 남은 선박용 페인트를 얻어다 색을 칠했다.

1929년 대공황은 아르헨티나의 경제에도 충격을 줬다. 전 세계가 경제적으로 침체에 빠진 상황에서 아르헨티나의 수출은 감소했고 필요한 공산품의 수입이 어려워졌다. 외국인 투자도 동결됐고, 기업들은 도산했으며, 자연스럽게 실업이 증가했다. 결국 군부가 1930년 9월 6일 쿠데타를 일으켜 이리고옌 정부를 전복시켰다.

쿠데타로 등장한 군부는 아르헨티나의 경제 문제를 해결해야 했다. 그들은 지금껏 추진해 온 자유무역을 바탕으로 한 수출 중심 경제 정책은 세계 경제의 변화에 취약하기 때문에 이러한 영향으로부터 경제를 보호할 필요가 있다고 생각했다. 그래서 자유방임주의를 포기하고, 국가가 경제에 개입하기 시작했다. 보호주의 정책을 통해 수입을 제한하고, 기존에 수입하던 물건을 직접 생산해서 사용하기 위한 산업화, 즉 '수입 대체 산업화'를 추진했다. 그 결과 국내 제조업 분야가 성장할 수 있었다.

산업화가 진행됨에 따라 기업가의 수가 증가했고, 노동자 계급 또한 성장했다. 새롭게 등장한 이들은 소수 지주 중심의 경제 정책에 불만을 갖고 있었으며 정부에 압력을 가하기도 했다. 1943년경 노동자 총연맹 Confederación General del Trabajo의 조합원 수는 30만 명에서 35만 명에 달할 정도였다. 이와 같은 사회 변화와 계속된 압력에 정부가 당황하고 있을 때, 군 장교의 비밀 조직인 연합 장교단Grupo de Oficiales Unidos이 다시 쿠데타를 일으켜 체제를 전복시켰다. 1943년의 일이었다.

바로 이 쿠데타를 통해 당시 육군 대령이었던 후안 페론이 정치 무대에 등장했다. 노동청장으로 공직을 시작한 페론은 노동청을 노동복지부로 승격시켰다. 그리고 노동부 장관의 자리를 활용해 노동자와 긴밀한 관계를 형성했다. 노동자의 임금을 인상하고, 여성과 남성의 임금 차이를 줄였으며, 노동자의 조직화를 권장했다. 임금이 증가하자 대중의 구매력이 상승했고, 상품 수요도 증가했으며 상품을 만들기 위한 산업화가 진전됐다.

1946년 대통령 선거를 앞두고 페론은 노동 계급을 동원하기 위해 노동당을 창당했다. 그리고 지주 엘리트층 등 일부 세력을 정적으로 설정해 '적(그들)'과 '동지(우리)'라는 이분법적 틀을 만들었다. 이 선거에서 페론은 대통령에 당선됐고 국가 주도적이고 노동자 친화적인 정책을 펼쳤다. 여러 민간 기업을 국유화하고, 화물, 철강, 금융 관련 국영 기업을 만들었다. 노동자들의 임금을 인상했고, 사회보장제도를 확충했다. 이러한 정책은 기업인 또한 만족시켰는데 정부가 제조업을 보호하는 가운데 산업화를 추진했고 사람들의 생활 형편이 나아짐에 따라 소비가 늘면서 상품의 수요가 증가하자 상품 생산 또한 늘었기 때문이다.

페론의 임기 중에 아주 중요한 역할을 했던 사람이 있다. 어쩌면 후안 페론보다도 유명한 인물, 에바 페론이다. 흔히 '사랑스러운 에바'라는 뜻의 에비타Evita로도 알려져 있다.

에바는 힘겨운 인생을 살아왔다. 팜파스의 작은 마을인 로스 톨도스Los Toldos에서 사생아로 태어나 가난하고 힘겨운 어린 시절을 보냈다. 15세에 부에노스아이레스에 도착한 에바는 삼류 배우로서 물불 가리지 않는 노력을 통해 어느 정도 유명세가 있는 연예인이 됐다. 그러던 중 1944년 산 후안에서 큰 지진이 발생했고, 그녀는 이재민을 위한 구호 기금 운동에 참여했다. 그곳에서 후안 페론을 만나 1945년 둘은 결혼식을 올렸다. 배우였던 에바는 사람의 마음을 움직이는 힘을 갖고 있었다. 열정적인 연설로 민중의 마음 역시 움직였는데, 특히 비루한 인생의 역정을 경험한 에바의 삶의 배경이 노동자의 마음을 움직였다.

이러한 장점을 활용해 페론과 노동 계급을 이어주는 역할을 했던 에바는 여성 및 빈민을 위한 사업도 적극적으로 펼쳤다. '에바 페론 재단'을 만들어 서민을 위한 구호 활동을 했고, 다양한 여성 센터를 지원해 여성이 필수적인 사회 서비스를 받을 수 있도록 했다. 정치적 기반을 마련하기 위한 노력도 했다. 여성 페론당을 설립하고, 여성에게 정치에 적극적으로 참여해 자신의 권리를 지키라고 독려했다. 여성은 1951년에 처음으로 대통령 선거에 투표할 수 있게 됐는데, 이때 여성의 90퍼센트가 투표에 참여했다. 또한 상원 여섯 명, 하원 스물세 명의 여성 의원이 선출됐다.

그러나 자궁 종양이 폐까지 전이되면서 에바 페론은 1952년 33세의 젊은 나이에 죽음을 맞았다. 에바가 죽은 이후 많은 변화가 나타났다. 그녀를 통해 형성됐던 페론과 노동 계급 및 여성 사이의 긴밀한 관계가 급격히 약화됐다. 엎친 데 덮친 격으로 세계 경제도 변해가고 있었다. 제2차 세계대전 이후 복구 시기가 끝나고, 다시 활력을 찾은 서유럽 국가와 미국이 아르헨티나 농산물 수출에 도전하기 시작했다. 게다가 가뭄까지 들어서 수확도 좋지 못했다. 수입 대체 산업화는 농축산물 수출을 통한 수익을 바탕으로 추진했던 것인데, 수출이 줄어들자 산업 생산이 어려워졌다. 노동자들의 소득도 감소했다.

1952년, 연임에 성공한 페론은 경제 위기에 대응하기 위해 이전의 전략과 전반적으로 대립되는 계획을 내놓았다. 그러나 이 새로운 경제 정책은 노동자, 기업가, 군부 등으로 이루어진 페론 지지 세력을 분열시켰다. 결국 그는 1955년 군사 쿠데타로 권력을 상실하고 해외로 망명을 떠났다. 약 20년 후인 1973년에 재집권에 성공했지만, 바로 다음 해에 사망하고 만다. 당시 부통령이던 그의 세 번째 부인 이사벨 페론이 대통령직을 승계했으나 1976년 군사 쿠데타로 실각했다. 이후 아르헨티나에는 무시무시한 권위주의 정권이 등장했다.

페론 정부에 대한 평가는 극단적으로 갈린다. 경제적으로 산업화를 이루었고, 대규모 부의 재분배를 추진했으며 국민 총생산과 개인의 소득이 증가하는 결과를 냈다. 정치적으로는 오랜 시간 동안 정치에서 소외당했던 노동자와 여성이 정치에 참여하게 됐다는 점에서 긍정적인 평가를 받기도 한다.

그러나 페론에 대한 부정적인 평가도 존재한다. 여전히 아르헨티나 경제에서 농축산물 수출은 매우 중요했다. 수입 대체 산업화와 대규모 복지 정책의 재원은 농축산물 수출 소득에서 확보했다. 결국 일부 좋은 성적을 냈음에도 불구하고, 수출 붐이 끝나자 산업화와 복지 정책이 타격을 입었다. 복지 혜택이 줄어들자 다시 빈부 격차가 나타나기 시작했다.

한편, 대토지 소유와 같이 불평등을 야기하는 원인을 근본적으로 해결하기 위한 노력이 미흡했다. 페론 또한 인구 다수를 괴롭혀 온 불평등과 빈곤의 문제를 해결하지 못한 것이다. 더욱이 사회 보장 정책을 과도하게 펼침으로써 아르헨티나 경제를 파탄에 빠뜨린 주범이라는 평가를 받기도 한다.

그럼에도 아르헨티나에서는 여전히 후안 페론과 에바 페론에 대한 그리움을 목격할 수 있다. 서두에 언급했던 부에노스아이레스 한 건물의 에바 페론 초상은 부자와 가난한 자에 대한 그녀의 태도를 보여준다. 부자가 거주하는 북쪽을 향해서는 전투적인 표정을, 빈민이 거주하는 남쪽을 향해서는 어머니의 미소를 보여주는 것이다.

유명인이 묻혀 있는 레콜레타Recoleta의 묘지에 에바 페론도 잠들어 있다. 수많은 무덤 중에서 에바의 무덤을 찾는 것은 아주 쉽다. 항상 많은 사람이 그곳을 찾기 때문이다. 그러니 주변을 잘 둘러보고 사람이 가장 많이 모여 있는 곳으로 가면 쉽게 두아르테 가족의 묘지를 찾을 수 있다. 에바가 잠들어 있는 그곳은 항상 사람들이 가져온 꽃으로 채워져 있다.

두아르테 가족의 묘지

세계적 부국이
세계적 부도국이 된 이유

2023년 3월 아르헨티나를 찾았을 때 1달러에 약 197페소 정도였던 환율이 5월에는 222페소로 올라 있었다. 아르헨티나에서는 하루가 다르게 환율이 오른다. 길을 걷다 보면 여기저기 '환전Cambio'을 외치는 사람들이 서 있다. 이들은 대부분 공식 환전소가 아닌 일반 상점에서 부업으로 환전 일을 하는 사람이다. 이렇게 환전하면 환율은 정부의 공식 시세보다 두 배 정도 높다. 자국의 화폐를 신뢰하지 않는 아르헨티나 사람은 달러를 모으려고 하고, 여행객은 환율 이익을 받아 저렴하게 여행하고자 하는 상황이 맞물려 '암환전'이 활발히 이루어진다. 그마저도 하루하루 환율이 바뀐다.

아르헨티나와 파라과이 국경 지대 도시의 한 마트에 침입한 강도가 점원을 위협해 돈을 빼앗았다가 아르헨티나 페소만 되돌려 주는 장면이 화제가 된 적이 있다. 이는 아르헨티나의 화폐 가치가 얼마나 낮은지를 보여주는 대표적인 사례다. 아르헨티나는 여러 차례 부도를 경험했고 높은 인플레이션으로 고통받고 있다. 정부 정책에 반대하는 이들의 시위 물결도 시내 곳곳에서 이어진다. 한때 세계적 부국이었던 아르헨티나가 이렇게 세계적 부도국이 된 이유는 무엇일까?

페론 이후 아르헨티나는 한동안 상당한 정치적 혼란기를 겪었다. 그리고 1976년부터 1981년까지 호르헤 라파엘 비델라Jorge Rafael Videla라는 잔인한 독재자의 통치기를 보냈다. 비델라를 비롯한 군부 지도자는 페론 시기의 혼란을 정리하고 아르헨티나 사회를 '재구조화'하고자 했다(토머스 스키드모어 외, 2014).

그들은 페론주의와는 완전히 다른 신자유주의 경제 정책을 펼쳤다. 많은 국영 기업을 민영화했고, 제조품에 부과하는 관세도 대폭 인하했다. 이로 인해 잠시 안정을 찾는 것 같았으나, 결국 다시 인플레이션이 치솟고 실질 임금은 떨어졌으며 소득 불평등과 빈곤이 확대됐다. 국민의 불만은 쌓여갔고 이는 사회적 동요를 유발했다. 군사 정권은 납치, 고문, 암살, 테러, 정보 조작 등을 통해 반정부 인사를 잔인하게 탄압했다. 군부는 이 기간을 '국가 재건 과정'이라 칭하고, 아르헨티나 대중은 '더러운 전쟁 Guerra Sucia'이라고 한다. 실종자도 많았는데 이때 사라진 사람은 1만 명에서 2만 명에 달했다.

레오폴도 갈티에리Leopoldo Galtieri 장군이 1981년 말에 대통령직을 이어받았다. 그러나 국가 경제는 파산 상태까지 갈 정도로 나빠지고 있었다. 먹고살기가 힘들어진 국민은 시위를 벌였으며, 1982년 초에는 1976년 군부 집권 이래 가장 큰 규모의 반정부 시위가 벌어졌다. 군부를 향한 저항과 압력이 커지자 분위기를 전환하고 압력에서 벗어나기 위한 돌파

구가 필요했다. 갈티에리 대통령이 선택한 방법은 말비나스Malvinas 제도
(포클랜드 제도)를 점령하는 전쟁을 벌이는 것이었다. 말비나스 제도는 아
르헨티나 남단의 티에라 델 푸에고섬에서 동쪽으로 480~700km 떨어져
있는 약 700개의 섬으로 구성된 지역이다. 1592년 영국의 존 데이비스
선장이 이 섬의 존재를 알게 됐고, 1690년 영국의 존 스트롱 선장이 상륙
했다. 이후 프랑스, 영국, 에스파냐가 섬에 대한 권리를 주장했다. 특히
에스파냐와 영국은 말비나스 제도를 놓고 전쟁의 위기에 몰리기도 했다.
그러나 경제적 이유로 영국은 1776년, 에스파냐는 1811년에 말비나스에
서 철수했다.

아르헨티나는 1816년 에스파냐에서 독립한 후 '현상 유지의 법리Uti
possidetis juris'에 따라 에스파냐 식민 지배 시기의 행정 경계선을 독립 이후
에도 인정해야 하며, 이에 따라 말비나스 제도는 아르헨티나의 영토라고
주장하기 시작했다. 1820년 아르헨티나 정부는 마리나 다비드 헤웨트를
말비나스에 파견했고, 1829년에는 말비나스의 정치·군사 사령부를 창설
하는 정부령을 발표했다. 영국은 이 포고령에 항의하며 1833년 전함을
보내 아르헨티나의 파견대를 추방했다. 이후 영국이 말비나스를 통제하
게 되자 아르헨티나는 국제적 지지를 확보해 나가면서 평화적인 방법으
로 말비나스 제도의 반환을 표명하고 있었다.

그러던 중 아르헨티나에서 군부 정권에 대한 저항이 심해지자 갈티에
리 대통령이 국민의 압력에서 벗어나기 위해 말비나스 제도를 건드린 것
이다. 1982년 4월 2일 아르헨티나 군대는 기습적으로 말비나스 제도를
공격했다. 당시 아르헨티나 정부는 섬에 거주하는 사람도 많지 않고 영
국에서 멀리 떨어져 있으니, 아르헨티나가 공격해도 영국이 크게 반응하

아르헨티나는 지금도 말비나스 제도가 아르헨티나의 영토임을 주장하고 있다.

지 않을 것이라고 생각했다. 또한 미국과 우호적 관계이니, 미국도 암묵적으로 아르헨티나를 지지해 줄 것이라 여겼다. 이러한 판단을 바탕으로 말비나스 제도에서 승리를 거두어 정부에 대한 국민의 저항심을 줄이고, 인기를 얻을 수 있기를 기대했다.

전쟁이 시작되자 실제로 국민의 애국심이 끓어오르기 시작했다. 군부 정권에 대한 시위를 잠시 거두고, 말비나스 제도 전쟁을 지지하는 행사를 벌이기 시작했다. 그러나 아르헨티나 군부의 판단이 완전히 틀렸다는 것이 판명 났다. 당시 세계 강국의 위치를 지키고자 했던 영국은 모든 힘을 동원해 아르헨티나의 공격에 대응했다. 믿었던 미국 또한 영국을 지지하고 나섰다. 아르헨티나군은 영국군에게 포위된 채 결국 항복할 수밖에 없었다.

아르헨티나가 전쟁에서 패함으로써 군부 정권은 더 강한 저항에 맞닥뜨렸다. 정부의 위신은 떨어졌고, 정치경제적 위기는 더욱 심해졌다. 1982년, 인플레이션은 200퍼센트까지 치솟았다. 상황이 이렇게 되자 군부는 결국 문민정부에 정권을 넘겨줘야 했다.

1983년 12월 라울 알폰신Raúl Alfonsín 민선 정부가 출범했다. 그러나 민주주의가 회복된 이후에도 정치적 갈등은 지속됐으며, 경제 상황도 심각했다. 정권에 따라 긴축, 민영화 등 시장 친화적 정책을 실시하기도 했고 때로는 페론주의 대통령이 경제에서 국가의 역할을 확대하고 지출을 늘리기도 했다. 아르헨티나의 경제는 종종 회복의 기미를 보이기는 했지만, 지속적으로 위기에 직면했다. 1990년에는 인플레이션이 2,000퍼센트를 상회할 정도였다. 국민은 일자리를 잃고 높은 생계비로 고통받았으며 부정부패에 질려버렸다.

아르헨티나 경제는 현재(2023년 7월)까지도 위기 상황에 있으며, 국민의 40퍼센트가 빈곤층에 속할 정도로 낮은 수준의 생활을 이어가고 있다. 아르헨티나의 경제 문제는 어느 한 사람의 잘못이라고 할 수 없는 복합적인 원인으로 일어났다.

우선 1차 산품 수출 중심의 경제는 국제 여건에 취약한 시스템을 형성했다. 또한 아르헨티나는 1930년부터 1983년까지 열 차례 가까이 군부 쿠데타가 발생할 정도로 정치적으로 불안정했다. 그뿐만 아니라 정권을 잡은 지도자는 세계정세에 적응하지 못했으며, 위기에 적절히 대처하지도 못했다. 정부 재정이 부족한 상황에서도 포퓰리즘적 복지 정책을 펼쳤다. 정치 불안과 부적절한 정책은 해외 투자자의 신뢰를 떨어뜨렸고, 물가 상승과 화폐 가치 하락을 야기했다. 국민은 자국 화폐를 믿지 못하고, 중앙은행이 기준 금리를 97퍼센트(2023년 5월 기준)까지 인상했음에도 저축하기보다는 앞다투어 달러를 확보하려고 했다. 여기에 가뭄과 같은 자연재해까지 더해지면 농축산물을 수출해야 하는 아르헨티나의 경제는 더더욱 힘들어진다.

세계적인 부국으로 성장했던 아르헨티나가 세계적인 부도국이 된 데는 정치적, 경제적, 사회적, 자연적 요인이 복합적으로 작용했다고 할 수 있을 것이다.

〈삶에 감사해〉, 메르세데스 소사

메르세데스 소사**16**

음악학자 쿠르트 작스Curt Sachs에 따르면, 인간은 행복할 때보다 절망적인 상황에서 더 노래를 부르고 싶어 한다.

칠레의 누에바 칸시온 운동이 라틴아메리카 전역으로 퍼져 나가기 이전부터 아르헨티나의 누에바 칸시온 운동을 선언하고 민중을 위해 노래한 가수가 있다. 〈삶에 감사해 Gracias a La Vida〉라는 노래로 잘 알려진 메르세데스 소사Mercedes Sosa다.

메르세데스 소사는 1935년 7월 9일 아르헨티나 북서부에 위치한 투쿠만주의 산 미겔 데 투쿠만에서 태어났다. 투쿠만은 1816년 7월 9일 아르헨티나가 에스파냐로부터 독립을 선포한 독립 전쟁의 성지이자 아르헨티나 전통 문화의 중심지다. 지역적 영향인지 그녀는 일찍부터 민속 음악을 배웠고, 15세 때 투쿠만의 한 라디오 방송이 주최한 노래 경연 대회에서 1등을 차지하면서 2개월간 공연을 하게 됐는데, 이것을 시작으로 음악가의 길에 접어들었다. 이후 첫 남편이자 음악 동료였던 오스카르 마투스Oscar Matus를 만나 멘도사에 정착했고 그곳에서 많은 음악인, 예술인과 교류하면서 누에바 칸시온 운동에 참여하게 됐다. '새로운 노래'란 의미의 누에바 칸시온 운동은 부패한 정권이나 독재 정권 그리고 강대국의 경제적 착취로부터 라틴아메리카인의 정체성을 찾기 위해 시작된 일종의 저항 운동이다. 아르헨티나에서는 누에보 칸시오네로Nuevo Cancionero라고도 하고, 쿠바의 누에바 트로바Nueva Trova와도 동일한 목표를 지닌 노래 운동이다.

메르세데스 소사는 초기에는 주로 자연의 아름다움이나 사랑을 노래했다. 그러나 누에바 칸시온의 영향을 받으면서 노동자 및 농민의 권리와 인권 그리고 민주주의 등에 대한 노래를 부르기 시작했다. 1965년 메르세데스 소사는 코스킨 Cosquín 포크 페스티벌에서 안데스 전통 의상을 입고 전통 북인 봄보를 치며 노래해 강한 인상을 남겼는데, 이를 기점으로 그녀는 미국과 유럽 투어, 음반을 통해 라틴아메리카의 문화를 알리면서 전성기를 맞았다.

누에바 칸시온, 누에바 트로바는 모두 옛 음유 시인의 전통을 이어받았다. 가수 스스로 작곡, 작사하고 직접 부르는 오늘날 싱어송라이터와 같은 전통이다. 그러나 메르세데스 소사는 직접 가사를 쓰거나 작곡을 하지 않고 남의 노래만 불렀는데, 이는 누에바 칸시온의 전통에 치명적 결함일 수 있다. 그럼에도 그녀가 라틴아메리카 최고의 누에바 칸시온 가수로 인정받는 것은 그녀의 탁월한 표현력과 가창력 때문일 것이다.

아르헨티나는 1810년 에스파냐에서 독립한 이래 1983년 12월 민주 정권이 들어서기까지 약 170년에 걸쳐 잦은 군사 쿠데타에 시달려야 했다. 메르세데스 소사가 세계적으로 유명세를 얻을 무렵 후안 페론이 사망하고 1976년 초 군사 쿠데타를 통해 비델라 군부 정권이 들어섰다. 1983년까지 이어진 약 7년간의 군부 독재 기간 동안 수만 명의 사망자와 실종자가 발생했는데, 메르세데스 소사는 이런 고통스러운 현실 속에서 민중과 함께 독재와 폭력에 저항하고 자유를 노래했다. 비밀경찰의 감시를 받게 되면서 그녀의 노래는 방송이 금지됐고 가족에게도 테러 위협이 가해졌지만, 그녀는 물러서지 않았다. 결국 1979년 1월 라 플라타에서 공연하던 중 관객 350여 명과 함께 체포된다.

해외 언론과 주변국의 압력으로 아르헨티나에서 영구 추방한다는 조건으로 구금에서 풀려난 그녀는 프랑스와 에스파냐 등에서 망명 생활을 하면서도 결코 좌절하지 않았다. 세계적인 가수들과 순회공연을 하면서 누에바 칸시온과 라틴아메리카의 현실을 전 세계에 알렸고, 그러는 동안 그녀는 명실공히 세계적인 스타로 부상했다. 1982년 아직 군사 독재가 끝나지 않은 시점에 그녀는 돌연 아르헨티나로 귀국을 감행한다. 그리고 2월 18일 밤, 부에노스아이레스의 오페라 극장에서 귀국 공연을 개최했다. 어느 나라를 막론하고 오페라 극장이나 클래식 콘서트홀을 대중음

키르치네르 부부가 메르세데스 소사를 조문하고 있다. 2009년 10월 4일 그녀가 죽자 당시 대통령이던 크리스티나 페르난데스 데 키르치네르는 3일간의 국가 애도를 선포하고 그녀의 시신을 부에노스아이레스의 국회 건물에 모셔 대중이 문상을 할 수 있게 했다.**17**

악가에게 대관해 주는 것은 쉬운 일이 아니다. 상업 음악이 순수 음악 분야에 침범하는 것에 대한 경계다. 더욱이 당시 아르헨티나는 피아니스트 마르타 아르헤리치나 지휘자 다니엘 바렌보임 등 세계적인 클래식 음악가를 배출하고, 세계 3대 오페라 극장이자 남아메리카 최고의 극장인 콜론 오페라 극장을 소유한 남아메리카 클래식 음악의 선두 주자였다. 콜론 극장이 메르세데스 소사에게 28일 연속 공연을 허락했다는 것은 아르헨티나가 그녀를 얼마나 존경하고 사랑했는지를 보여주는 예라고 할 수 있다.

"저는 메르세데스 소사, 아르헨티나인입니다."
많은 것을 내포한 이 말로 시작된 공연은 군부 독재 종말의 신호탄이 됐고, 아르헨티나 군부 정권은 1982년 무모하게 벌인 말비나스 제도 전쟁에서 패배하면서 몰락했다.
그녀에게 붙여진 '인류의 목소리La voz de la humanidad', '아메리카의 어머니La madre de América'라는 수식어는 단순히 그녀가 가진 남다른 표현력이나 가창력만으로 얻을 수 있는 것이 아니다. 그녀가 이런 평가를 받으며 세계인의 존경과 사랑을 받는 것은 자신이 부른 <삶에 감사해>의 가사처럼 삶 속에서 만나는 사소한 모든 것까지 감사의 마음으로 대했기 때문이다. 그녀는 평생 자신의 노래를 통해 스타가 되려고 하지 않았다. 노래를 통해 사람들과 아픔을 나누고 희망을

전하는 일에는 목숨도 아끼지 않았지만, 주변 사람과 동료 음악인에게는 항상 낮은 자리에서 모성적 사랑을 베푼 그런 사람이었다.

삶에 감사해

내게 많은 것을 준 삶에 감사해
샛별 같은 눈동자를 주어, 눈을 뜨면
흑백을 온전히 구별하고
높은 하늘에 가득한 별을 보고
수많은 사람들 틈에서 사랑하는 이를 찾을 수 있네

내게 많은 것을 준 삶에 감사해
소리와 문자를 주어
어머니, 친구, 형제, 사랑하는 영혼의 길을 비추는 빛 같은 말을
떠올리고 말할 수 있네

내게 많은 것을 준 삶에 감사해
청각을 주어
밤낮으로 귀뚜라미, 카나리아, 망치, 물레방아, 개 짖는 소리, 빗소리,
사랑하는 이의 부드러운 목소리를 새길 수 있네

내게 많은 것을 준 삶에 감사해
지친 발에 힘을 주어
도시와 늪지, 해변과 사막, 산과 평야
그대의 집, 거리와 정원을 거닐었네

내게 많은 것을 준 삶에 감사해
인간의 지식이 많은 성과를 볼 때
악이라고는 모를 것 같은 선을 볼 때
그대의 맑은 눈을 깊숙이 들여다볼 때

흔들리는 마음을 줬네

내게 많은 것을 준 삶에 감사해
웃음과 울음을 주어
나와 당신들 노래의 소재인 행복과 슬픔을 구별할 수 있네

당신들의 노래는 하나의 노래고
모든 이의 노래가 나의 노래라네

절대 포기할 수 없는
마테

이구아수 폭포를 찾은 날, 하필이면 폭우가 쏟아졌다. 우비를 입고 간신히 사진 몇 장을 찍을 정도의 컨디션이었다. 내 한 몸과 소지품 관리도 벅찬 그 순간까지 아르헨티나 사람이 놓치지 않는 것이 있다. 그것은 바로 아르헨티나 사람의 국민 음료인 마테다. 한 손으로는 마테를 마시기 위한 잔을, 다른 한 손으로는 커다란 보온병을 들고 연신 뜨거운 물을 따른다. 아르헨티나인의 마테 사랑에 대해 어느 정도는 알고 있었지만, 이렇게 정신이 없는 와중에도 마테를 놓지 못하는 모습에 다시 한 번 놀랄 수밖에 없었다. 2015년부터 아르헨티나에서는 매년 11월 30일을 '전국 마테의 날Día Nacional del Mate'로 지정해서 기념하고 있다. 도대체 마테는 무엇인가? 아르헨티나 사람은 왜 이렇게 마테를 마시는 것일까?

마테나무는 감탕나뭇과에 속하며 주로 아르헨티나, 브라질, 파라과이 등 남아메리카 지역에 분포한다. 이 마테나무의 잎을 활용해 음료를 만들어 먹는 문화는 과라니인Guaraní의 전통에서 비롯됐다. 마테에 대해 다양한 전설이 있는데, 그중 하나를 소개하려 한다.

고대 남아메리카인은 그들의 조상이 바다 건너 먼 땅에서 아메리카 대륙으로 이동해 왔다고 믿었다. 낯선 땅이었고 지형도 위험했지만 근면하게 노력해 문화를 이루며 살 수 있게 됐다. 그러던 중 투피Tupi와 과라니Guaraní라는 형제가 권력을 놓고 경쟁하기 시작했다. 결국 주민은 투피인과 과라니인으로 나누어졌다. 투피인은 성격이 까다로웠으며, 과라니인은 평화롭고 경건했다.

과라니인이 땅을 경작하며 살아가던 중 전설에 따라 그들이 기다리던 파란 눈에 하얀 피부를 가진 신 파이 수메Pa'i Shume가 하늘에서 땅으로 내려왔다. 이 신은 농업 지식과 건강 및 의학에 대한 비밀을 귀띔해 줬다. 그리고 과라니인에게 알려지지 않았던 토착 식물의 약효도 알려줬는데, 그중에서 대표적인 것이 바로 마테나무 잎을 재배하고 차를 준비하는 방법이었다.

과라니인은 주로 마테나무 잎을 직접 씹거나 잔에 잎과 물을 넣고 천연 풀로 만든 빨대를 활용해서 빨아 마시는 방식으로 이 식물을 소비했다. 17세기 초, 이 지역에 도착한 예수회는 마테 음용을 사악한 것으로 여겨 퇴치하고자 했다. 그러나 몇 년이 지나면서 예수회는 이 조치를 취소해야 했다. 왜냐하면 원주민이 마테 대신 알코올이 함유된 치차를 마시고 취해버렸기 때문이다. 예수회는 다시 마테 음용을 허락했다. 마테를 마시기 시작하자 다시 원주민의 알코올 섭취가 줄었고 작업량도 증가했다. 나아가 예수회는 마테나무 재배를 지원하기 시작했다. 이후 마테

잎은 과라니인의 치료술에도 활용되는 중요한 재료가 됐다.

마테를 준비하는 과정은 생각보다 복잡하고 시간도 오래 걸린다. 총 6단계로 이루어지는데, 다음과 같다.

① 수확: 마테나무의 잎과 나뭇가지를 자른다.

② 사전 건조: 녹색 잎을 약 250도에 가까운 고열에 30~90초 동안 노출해 수분을 증발시킨다.

③ 건조: 뜨거운 공기에 노출해 건조한다.

④ 분쇄: 건조된 마테 잎을 거칠게 간다.

⑤ 숙성: 삼베 자루에 마테 잎을 넣고 약 1년간 숙성한다. 이 숙성 기간을 거치면서 마테의 맛과 향, 색상 등이 더욱 좋아진다.

⑥ 최종 가공: 먼지와 나뭇가지 등의 불순물을 제거하고 곱게 갈아 포장한다.

이렇게 바로 마실 수 있도록 준비된 잎을 예르바 마테Yerba Mate(마테 잎) 또는 그냥 예르바, 마테라고 한다. 한편 마테는 차를 마시기 위한 잔을 의미하기도 하는데, 특히 조롱박의 속을 비우고 건조해 만든 전용 용기를 말한다. 오늘날에는 편의를 위해 스테인리스나 도자기 형태의 마테도 많이 사용한다. 마테를 마시는 빨대는 봄비야Bombilla라고 한다. 주로 금속 재질이고, 아랫부분에 넓적한 필터가 있어 찻잎이 딸려 들어오는 것을 막아준다.

마테는 아르헨티나뿐 아니라 우루과이, 파라과이, 칠레 남부, 브라질 등에서도 즐겨 마시는데 에스파냐어권 국가에서는 마테라 하고, 포르투갈어권인 브라질에서는 시마항Chimarrão이라고 한다. 파라과이에서는 차

마테

갑게 마시는 마테를 테레레Tereré라고 부른다.

차를 마시는 방법 또한 지역마다 조금씩 차이가 있다. 그러나 가장 기본적인 방법은 다음과 같다.

① 물을 70~75도로 끓인다.
② 마테(잔)의 3분의 2 정도까지 잎을 채운다.
③ 마테를 기울여서 잎이 한쪽으로 치우치게 한다.
④ 뜨거운 물을 살짝 부어준 다음, 봄비야를 잎이 없는 쪽으로 꽂고 뜨거운 물을 마저 붓는다.
⑤ 기호에 따라 설탕을 추가해서 마신다.

참고로, 초보자가 아르헨티나인처럼 마테의 3분의 2만큼 잎을 채우면 쓰고 떫은맛에 깜짝 놀랄 수 있다. 처음 도전한다면 잎의 양을 조금 넣는 것을 추천한다. 아르헨티나인은 하루에도 몇 번씩 마테를 마시는데, 매번 물을 끓일 수 없으니 보통 커다란 보온병에 따뜻한 물을 담아서 갖고 다닌다. 사람이 많이 모이는 장소에서는 때때로 뜨거운 물 자판기도 볼 수 있다.

마테는 녹차보다 더 많은 양의 항산화 성분을 함유하고 있으며, 비타민과 미네랄 또한 풍부하다. 콜레스테롤을 줄이는 데 도움이 되고, 카페인을 함유하고 있어 에너지와 집중력이 필요할 때도 도움이 된다.

사실 마테 자체가 그렇게 풍부한 향과 맛을 가진 것은 아니다. 쌉쌀하고 떫은맛과 고소한 풀 향이 매력적이긴 하지만 말이다. 마테는 아르헨티나인이 오랫동안 축적해 온 전통이고 문화다. 조상 대대로 내려오는 차인 것이다. 한 설문 조사 결과에 따르면, 아르헨티나인은 자신의 정체성을 가장 잘 나타내는 제품으로 마테를 꼽았다. 쇠고기나 와인도 제치고 마테가 1위를 차지한 것이다.

아르헨티나인은 하나의 마테와 봄비야로 함께 있는 사람과 돌려 마시는 문화를 갖고 있다. 우연한 기회에 마테를 나누는 가족을 본 적이 있다. 한 가족이 집에서 포장해 온 샌드위치를 꺼내 먹고 있었다. 아버지가 커다란 보온병을 꺼내 마테를 준비했다. 아버지가 먼저 한 모금 빨아 마신 후, 옆 사람에게 마테를 건넸다. 아버지, 어머니 그리고 두 자녀까지 마테를 돌려 마시고 있었다.

코로나19 이후 보다 위생적인 방식으로 변했다고 하나, 가족 간에는 아직 마테를 공유하는 경우도 있는 것 같다. 어릴 때부터 이렇게 마테를 배우니 자연스럽게 마테 문화에 익숙해지지 않을까? 아르헨티나인에게 마테는 전통이고, 문화며, 정체성이다. 마테의 맛은 잎의 맛뿐 아니라 마

테가 대표하는 것, 마시는 순간의 분위기와 이를 나누는 사람과의 교감
이 더해져서 완성되는 것이다.

아르헨티나에서 예르바 마테를 사서 걸어가고 있었다. 한 아주머니가
내게 "마테 마셔요?"라고 물어왔다. "네! 마테 마셔요"라고 대답하니, 재
밌다는 듯이 웃으며 무릎 남짓 오는 자신의 아들에게 "저 사람도 마테 마
신대!"하고 신이 나서 이야기한다. 아주머니의 말투에서는 자신들의 문
화에 대한 자부심과 그 문화를 즐기는 낯선 사람에 대한 호기심이 묻어
났다. 짧지만 어쩐지 기분이 좋아지는 대화였다.

탱고,
춤만이 아니다

탱고Tango라고 하면 보통 남녀가 두 손을 마주 잡고 추는 춤을 떠올린다. 탱고는 춤으로 시작했지만 노래와 연주로 음악 장르를 넓혀가면서 이따금 클래식 음악으로 착각할 만큼 클래식 음악회의 중요한 레퍼토리가 되기도 한다.

아르헨티나를 대표하는 문화인 탱고는 부에노스아이레스의 보카Boca 지구가 발생지라고 알려져 있지만, 대부분의 예술이 그러하듯 그 기원이나 변천을 정확히 알기가 쉽지 않다. 일반적으로 19세기 전반 쿠바의 수도 아바나의 항구에서 유행하던 춤 아바네라가 라 플라타 강 유역의 부에노스아이레스와 우루과이 몬테비데오의 선착장을 통해 전해졌고, 이 두 도시에서 유행하던 흑인의 춤 칸돔베와 만나 밀롱가로 발전하고, 밀롱가가 변형된 것이 바로 탱고라고 알려져 있다.

부에노스아이레스의 탱고 공연

　이때의 탱고는 주로 뱃사람이나 건달이 부둣가의 선술집 여인과 추던 거칠고 선정적인 춤이었다. 이 춤이 파리를 중심으로 유럽에서 유행하면서 관능적인 성격은 순화되고 상류 사회의 무도장 춤으로 발전했다. 그리고 역으로 이 춤이 아르헨티나의 탱고에도 영향을 주게 된다. 부에노스아이레스에서 발전한 탱고는 특이하게도 아르헨티나의 다른 지역으로 번져나가지 않고 주로 부에노스아이레스에서만 유행했는데, 이는 인구가 밀집돼 있고 경제적 여유와 밤새도록 즐길 수 있는 치안이 뒷받침됐기 때문이다. 결국 탱고는 도시 문화로 발전할 수밖에 없었다.

　탱고의 가장 큰 매력은 '에로티즘'이라고 이야기한다. 그러나 사실 탱고는 다른 라틴아메리카의 춤에 비하면 신체 접촉이 거의 없다. 상체와 목을 꼿꼿이 세우고 상대와 적당한 거리를 유지한 채 차갑고 무표정한 얼굴로 춤을 춘다. 이처럼 노골적인 접촉이 아니라 서로 신체와 감정을 적당한 거리에 두고 긴장감 속에 살짝살짝 스치는 짜릿함이 탱고의 진정한 매력이라고 할 수 있다.

초창기 탱고 음악의 연주에는 종종 플루트, 클라리넷, 기타가 사용됐는데, 반도네온이 합류하면서 두 대의 바이올린, 피아노, 더블베이스 그리고 반도네온으로 연주하는 표준 편성이 완성된다. 이 편성은 탱고가 가장 번성하던 20세기 초에 정착해 1940년까지 유지됐다. 그러나 1950년대에 들어서면서 탱고의 혁신을 꿈꾸며 다양한 형태의 악단이 생겨났다.

탱고가 크게 유행할 때, 탱고를 더 확실한 아르헨티나의 문화로 자리 잡게 한 '탱고 칸시온Tango Canción'이 생겨났다. 특히 카를로스 가르델 Carlos Gardel은 탱고를 이야기할 때 빼놓을 수 없는 존재다. 그는 음악을

카를로스 가르델**18**

한 권으로 읽는 라틴아메리카 이야기

통해 '포르테뇨Porteño'라고 칭하는 부에노스아이레스인의 정서를 대변했다. 수많은 노래를 작곡해 부르면서 인기를 얻었고, 영화에도 출연해 아르헨티나의 탱고를 더 유명해지게 했다. 일설에 따르면 가르델이 등장하기 전까지 아르헨티나와 우루과이는 서로 탱고의 주도권을 주장했는데, 가르델이 등장하면서 주도권이 아르헨티나로 넘어왔다고 한다.

가르델은 1935년에 사망했는데, 지금도 그의 인기는 대단하다. "소스 가르델Sos Gardel(너는 가르델이야)"이라는 말은 '너 최고다'라는 의미로 쓰인다. 가르델의 무덤은 부에노스아이레스의 차카리타Chacarita 공동 묘지에 있는데, 아직도 많은 사람이 소원을 빌기 위해 그곳을 찾는다. 영화 〈여인의 향기〉의 배경 음악으로 유명한 〈포르 우나 카베사Por Una Cabeza(간발의 차이로)〉도 카를로스 가르델의 노래다.

카를로스 가르델을 잇는 또 하나의 탱고 천재는 아스토르 피아졸라Astor Piazzolla다. 반도네온 연주자 출신인 피아졸라는 탱고 음악을 춤곡이 아닌 클래식 음악이나 재즈와 같은 연주 음악인 '누에보 탱고Nuevo Tango'로 발전시킨다.

실제로 요즘 사람은 춤음악인 탱고보다 〈리베르탱고Libertango〉와 같은 피아졸라의 곡을 먼저 접하기도 한다. 피아졸라의 음악은 클래식 음악의 주요 레퍼토리로 클래식 공연장에서 자주 공연되기 때문이다. 1950년대, 탱고가 쇠퇴기로 접어든 시기에 피아졸라는 탱고를 지금까지의 음악에서 벗어나 예술 음악으로 탈바꿈시키고자 노력했다. 17세에 당대 최고의 탱고 악단이었던 아니발 트로일로Aníbal Troilo의 반도네온 연주자로 들어간 그는 그곳에서 반도네온 외에 피아노 연주와 편곡을 맡기도 했다.

그러나 피아졸라는 탱고 음악이 연주되는 카바레의 방탕한 분위기와

반도네온을 연주하는 아스토르 피아졸라**19**

탱고 음악의 단순한 스타일에 회의를 느끼고, 지속적으로 클래식 음악을 공부해 1951년 작곡한 〈부에노스아이레스 교향곡Sinfonía Buenos Aires〉을 발표했다. 이 곡은 정통 교향곡 형식에 반도네온 두 대를 추가한 구성으로 공연 당시 논란이 됐지만, 그는 이 작품으로 파비엔 세비츠키 음악상 Premio Fabien Sevitzky을 수상하면서 클래식 작곡가로서 확실히 어필할 기회를 얻게 된다.

이에 용기를 얻은 피아졸라는 클래식 작곡가가 되고자 당대 최고의 여성 음악 교육자인 나디아 불랑제Nadia Boulanger에게 배우기 위해 프랑스로 떠났다. 불랑제는 피아졸라의 여러 작품을 본 후 그에게 클래식 음악 외에 다른 음악을 한 적은 없느냐고 물었다. 탱고계를 떠나 클래식 작곡가가 되고 싶었던 피아졸라는 대답을 망설였지만 결국 자신이 작곡한 탱고 음악인 〈승리Triunfal〉를 그녀 앞에서 연주했다. 불랑제는 "이것이 피아졸라다"라면서 "너의 음악을 하라"라고 조언했다.

이후 불랑제와 함께 대위법과 푸가 등 체계적인 음악 공부를 하고 돌아온 피아졸라는 긴 방황을 끝내고 카바레 음악이었던 탱고의 변화를 시도한다. 피아졸라는 탱고에 클래식과 재즈를 접목하고, 악기 구성을 수시로 바꾸는 등 새로운 실험을 감행했다. 이로 인해 열성 탱고 팬으로부터 탱고를 오염시킨다는 이유로 살해 위협을 받기도 했지만, 그의 도전은 멈추지 않았다. 결국 그는 탱고를 거리나 카바레에서 연주되던 음악에서 세계적인 예술 음악으로 격상시켰다.

탱고를 대표하는 악기는 반도네온이다. 작은 교회에서 오르간 대용으로 사용하기 위해 독일에서 만든 악기로 아코디언과 비슷하게 생겼다. 두 악기 모두 리드에 바람을 불어 소리를 낸다. 그러나 아코디언의 오른쪽 부분이 피아노 건반 형태인 것과 달리 반도네온은 양쪽 모두 버튼식으로 이루어져 있다. 또 아코디언은 왼쪽 버튼이 화음을 위해 만들어진 반면, 반도네온은 양쪽의 버튼이 모두 단음을 내도록 만들어졌기 때문

반도네온20

에 화음을 내기 위해서는 여러 개의 버튼을 동시에 눌러야 한다. 반도네온 연주자의 오른쪽은 고음역을 왼쪽은 저음역의 소리를 내기 때문에 양쪽을 합하면 총 다섯 옥타브에 가까운 음역의 소리를 낼 수 있다. 문제는 피아노 같은 건반 악기와 달리 버튼이 반음씩 순차적으로 배치된 것이 아니라 무작위로 흩어져 있고, 또 바람을 넣는 주름이 열릴 때와 닫힐 때 서로 다른 소리가 나기 때문에 연주하기가 매우 까다롭다는 것이다. 아스토르 피아졸라조차 '악마의 악기'라고 표현했을 정도다. 그러나 반도네온은 잡은 손의 각도나 주법에 따라 소리가 달라져 다양한 표현이 가능하고, 이 때문에 탱고의 다양한 변신을 가능케 하는 역할을 했다.

한 권으로 읽는 라틴아메리카 이야기

축구,
아르헨티나의 위로·열정·자부심

탱고를 보려고 보카 지구를 찾았다. 그런데 여느 때와 달리 거리에 사람도 없고, 탱고를 보는 사람도 없다. 알고 보니 보카 주니어스Club Atlético Boca Juniors의 축구 경기가 있는 날이었다. 그것도 그날만 이기면 보카 주니어스의 시즌 우승이 확정되는 아주 중요한 경기였다. 사람들이 어디 있나 했더니 보카 주니어스 경기장 근처에 모여 있었다. 경기장 앞은 물론이고 주변 식당 안팎에 사람들이 모여서 텔레비전 화면으로 축구를 보고 있었다. 잠시 후 부에노스아이레스 시내가 뜨겁게 달아올랐다. 모두가 극도의 흥분 상태였다. 보카 주니어스의 우승이 확정됐다! 나도 모르게 "휴… 다행이다. 졌으면 큰일 났을 것 같아"라고 내뱉었다.

그리고 얼마 후 2022년 월드컵에서 아르헨티나가 우승했다. 아르헨티나는 앞서 1978년, 1986년 월드컵에서도 우승컵을 거머쥐었다. 1930년,

보카 지구에 모여든 보카 주니어스 팬

1990년, 2014년 월드컵에서는 2위를 차지했다. 그렇다면 아르헨티나는
왜 이렇게 축구에 열광하는 것일까?

　사실 아르헨티나인뿐 아니라 라틴아메리카인은 축구에 뜨거운 애정을
갖고 있다. 주말 오후 여러 명이 함께 작은 피자 가게에 모여 축구를 보
는 모습이나, 저녁 시간에 맥주 한잔 놓고 축구를 보는 노부부의 모습….
이들은 남녀노소 불문하고 축구를 사랑한다. 축구는 그야말로 라틴아메
리카인의 삶의 일부다.
　축구 사랑으로 둘째가라면 서러운 라틴아메리카에 축구를 유입한 나
라가 바로 아르헨티나다. 1860년경 영국인에 의해 아르헨티나에 축구가
전파됐다. 부에노스아이레스 부두에서 영국 상선의 하역 작업이 이루어

지는 동안 선원들은 공놀이를 했다. 부에노스아이레스 항구에서 가까운 우루과이의 몬테비데오 부두에서도 마찬가지로 공놀이를 했다고 한다. 따라서 라 플라타 강 유역이 바로 라틴아메리카 축구의 시작점이라 할 수 있다.

처음에는 부에노스아이레스에 거주하는 영국인이 주로 축구를 즐겼다. 아르헨티나 '축구의 아버지'라 불리는 스코틀랜드 출신 알렉산더 왓슨 허튼Alexander Watson Hutton은 교육에 있어 스포츠가 매우 중요한 요소라고 여겼다. 그는 1884년 부에노스아이레스 영어 고등학교를 설립하고 축구, 크리켓, 수영, 테니스 등 다양한 스포츠 교육을 도입했다. 이후 이 학교는 아르헨티나에서 축구에 대한 열정이 형성되는 데 기여했다. 아르헨티나 축구 협회는 1893년에 설립됐는데, 이는 남아메리카에서 가장 오래된 협회이자 전 세계에서 여덟 번째로 오래된 협회다. 허튼은 아르헨티나 축구 협회의 초대 회장을 역임하기도 했다.

초창기 클럽 또한 영국인을 중심으로 형성됐는데, 대표적인 것이 1901년에 창설된 '리버 플레이트Club Atlético River Plate'다. 이는 라 플라타 강의 영어식 이름에서 유래한 것이다. 1889년 우루과이에서 개최된 라틴아메리카 최초의 국제 축구 경기에는 부에노스아이레스 거주 영국인과 몬테비데오 거주 영국인이 참여했다.

이렇게 영국인을 중심으로 확산된 축구는 이후 영국인 2세, 대지주의 자녀 등 상류층 지배 계급을 중심으로 퍼져 나갔고, 1910년까지는 주로 엘리트 클럽이 형성됐다. 그러나 곧 부두의 노동자와 하층 계급의 젊은 이들도 축구를 하기 시작했고, 일반 대중이 결성한 축구 클럽도 탄생했다. 1915년경에는 축구의 민주화가 거의 완전하게 이루어졌다.

당시 농촌에서 도시로 이주하거나 유럽에서 이민 온 사람 중에는 일자리도 없는 가난한 이가 많았다. 그들은 축구를 통해 비참한 현실에서 벗어날 수 있었고, 열정과 공격적 성향을 폭발시킬 수 있었다. 이후 산업화가 진행되고 그들도 일자리를 서서히 얻게 됐다. 그럼에도 축구에 대한 열정은 식지 않았고, 월급을 받고 축구를 하고 싶다는 꿈을 꾸게 된다. 그리고 그 무렵인 1931년 아르헨티나 축구의 프로 리그가 시작됐다.

이후 매스 미디어가 발전하면서 축구는 모든 국민의 사랑을 받게 됐다. 텔레비전에서 축구 경기를 중계하기 시작하자, 보다 쉽게 경기를 관람하게 됐고 무엇보다도 모든 계층의 사람이 동시에 같은 경기를 볼 수 있었다.

축구를 사랑하는 국민들의 열정이 대단해서인지 이를 정치적으로 활용한 사례도 다수 목격할 수 있다. 대표적으로 1976년 쿠데타로 집권한 호르헤 비델라 정권은 1978년 아르헨티나에서 월드컵을 개최해 국민의 관심을 축구로 돌리고, 인권 탄압을 은폐하려고 했다. 외국에 좋은 이미지를 확산해 정권을 지키려고 한 것이다. 군부 정권 아래 행해진 잔인한 폭력과 고문으로 인해 국민의 분노가 극에 달했고, 이를 해소하기 위한 돌파구로 찾은 것이 바로 월드컵이었다.

아르헨티나 군사 정권의 인권 탄압에 항의하기 위해 네덜란드, 덴마크, 독일, 에스파냐, 스위스 등 여러 국가 사이에서 대회를 보이콧하자는 움직임도 형성됐다. 비록 많은 선수가 불참했지만 결국 월드컵은 개최됐다. 프레스 센터, 스타디움, 신공항 등 모든 것을 완벽하게 준비했고, 전세계에서 5,000여 명의 기자들이 몰려들었다. 더욱이 당시는 컬러 TV 방송이 시작된 시기로 총 130개국에 월드컵이 중계됐다. 아르헨티나 정권의 능력을 제대로 과시할 기회였다.

군부 집권 시기에는 엄청난 폭력이 행해졌는데, 지도자들은 특히 월드컵 개최를 앞두고 국내의 게릴라 집단을 완전히 진압하는 것이 중요하다고 생각했다. 해외에서 막 들어온 사람들은 월드컵의 화려함에 주목했으나, 다른 쪽에는 탄압의 어두운 그림자가 드리워지고 있었다. 월드컵이 열리는 데서 얼마 멀지 않은 곳에 고문과 학살의 중심지인 해군 기계 학교가 있었다. 그리고 한편에서는 비행기에 죄 없는 사람을 태워 바다에 던져 생매장했다.

다행인지 불행인지, 월드컵은 계획대로 성공적으로 진행됐다. 또한 아르헨티나는 네덜란드와 치른 결승전에서 승리하며 월드컵 첫 우승의 성과를 이루어 냈다. 그러나 우승까지 가는 과정에 부정부패와 승부 조작 등의 의혹이 제기됐으며, 군사 정권을 위해 경기했다는 이유로 선수들이 비난을 받기도 했다. 외국인은 월드컵 기사를 보면서 아르헨티나의 정치·사회적 문제를 인식하게 됐다. 월드컵이 오히려 독재 정권의 취약한 부분을 세계적으로 알리는 계기로 작용한 것이다.

그럼에도 억압적인 군사 정권 아래 불안함과 우울증에 시달리던 아르헨티나 국민에게 국가의 우승은 가문 땅에 내린 단비와 같았을 것이다. 아르헨티나의 현대사는 아주 복잡하고 혼란스러웠다. 정치가 양극화되고 쿠데타가 잇달아 발생하며, 군부 정권이 무자비하게 탄압을 가하는 와중에 경제·사회적 불평등까지 경험해야 했다. 아르헨티나인은 축구를 통해 다른 곳에서는 채울 수 없는 감정을 채우고, 그 감정을 공유하며 기억할 수 있었다. 축구는 혼란한 사회에서 아르헨티나인을 하나로 모을 수 있는 몇 안 되는 존재 중 하나였다.

보카 지구는 라 플라타 강 하구에 위치한 부에노스아이레스의 항구다.

수많은 이민자가 바다를 건너 이곳에 도착했고, 타지에서 고된 삶을 살아갔다. 그들이 즐겼던 음악이자 춤인 탱고는 아르헨티나를 대표하는 문화가 됐다. 보카 지구는 탱고 외에도 보카 주니어스 축구 클럽의 연고지이기도 하다. 동네 곳곳에 보카 주니어스의 흔적이 묻어 있다. 건물 밖에 달아 놓은 보카 주니어스 깃발, 마라도나와 메시 등 축구 선수 그림, 유니폼 색인 노란색과 파란색으로 치장한 경기장에서 이곳이 보카 주니어스의 성지임을 느낄 수 있다. 보카 주니어스가 창단됐을 때의 유니폼 색은 빨간색이었다고 한다. 그런데 이런저런 이유로 몇 번의 수정을 거쳤고, 1907년 다시 유니폼 색을 바꾸기로 했을 때 항구로 들어오는 스웨덴 국적의 배에 달린 국기를 보고 유니폼의 색을 결정했다. 스웨덴 국기는 파란 바탕에 노란 십자가가 그려져 있는데, 여기서 파란 바탕에 노란색 줄무늬로 구성된 유니폼이 탄생했다고 한다.

보카 주니어스 경기장의 이름은 에스타디오 알베르토 J. 아르만도 Estadio Alberto J. Armando다. 그런데 이 이름보다는 라 봄보네라La bombonera라는 이름으로 더 많이 알려져 있다. '초콜릿 상자'라는 뜻인데, 듣기만 해도 달콤한 이 별칭에서 아르헨티나 사람의 축구에 대한 사랑을 느낄 수 있다. 경기가 없는 날에도 경기장을 관람하기 위한 사람과 기념사진을 찍는 축구 팬들로 경기장 근처는 늘 북적인다.

보카 주니어스와 리버 플레이트 간의 경기인 수페르 클라시코Super Clásico는 세계적으로 유명한 더비 경기(라이벌전) 중 하나다. 수페르 클라시코는 아르헨티나뿐 아니라 남아메리카의 자존심이라고도 할 수 있다. 앞서 축구가 상류층에서 시작해서 대중으로 확대됐다고 했는데, 이 둘의 경기는 계급 간의 대결로도 알려져 있다. 보카 주니어스는 가난한 이탈

보카 주니어스의 경기장 라 봄보네라

리아계 이주 노동자가 창단한 클럽이고, 리버 플레이트는 영국인이 창단한 것으로, 현재도 중산층 이상의 팬을 확보한 구단이기 때문이다. 특히 수페르 클라시코의 응원전이 아주 백미라고 한다.

보카 주니어스에서 뛰었던 선수이자, 현재 아르헨티나 축구의 영웅은 바로 리오넬 메시Lionel Messi다. 그는 1987년 6월 24일, 아르헨티나 제3의 도시로 쿠바 혁명 지도자인 체 게바라의 고향이기도 한 로사리오Rosario 에서 태어났다. 아버지가 코치로 있었던 그란돌리팀에서 만 4세에 형들과 함께 축구를 시작했다. 이후 만 7세에 로사리오의 뉴웰스 올드 보이스 구단에 입단했다.

유독 성장이 늦었던 메시는 만 11세 때 성장 호르몬 장애가 있음을 알게 됐다. 키를 자라게 하기 위해서는 비싼 치료가 필요했으나 메시의 가정은 이를 감당하기 힘든 상황이었다. 다행히 메시의 실력을 눈여겨본 에스파냐 명문 FC 바르셀로나가 메시를 영입하고 치료비를 지원했다. 덕분에 메시는 키와 실력 모두 빠른 속도로 성장했고, 여러 클럽에서 대활약하며 수많은 기록을 세웠다. 클럽 수준에서 할 수 있는 모든 것을 해냈지만 딱 하나, 월드컵 우승이라는 기록이 없었다.

메시는 2005년 피파 U-20 월드컵에서 여섯 골로 득점 왕에 오르며 아르헨티나의 우승을 이끌었다. 이후 2006년에는 만 18세의 최연소 나이에 아르헨티나 대표 팀으로 독일 월드컵에 참가했다. 독일 월드컵을 시작으로 2018년 러시아 월드컵까지 네 번의 월드컵에 참가했는데, 월드컵 우승 트로피는 거머쥐지 못했다. 결국 2022년 메시는 그의 다섯 번째 월드컵인 카타르 월드컵에서 우승함으로써 마지막 남은 과제를 해결했다. 아르헨티나 국민은 물론 전 세계의 축구 팬은 메시의 라스트 댄스를 함께 축하했다.

아르헨티나인의 축구 사랑은 정말 뜨겁다. 아르헨티나는 라틴아메리카 축구가 시작된 곳이다. 상류층부터 일자리도 없는 가난한 사람까지 모두 축구를 좋아한다. 특히 아르헨티나는 지난한 현대사를 겪으면서 축구를 통해 감정을 표출하고 기쁨을 느끼며 위로를 받았다. 여러 지도자는 축구에 대한 국민의 열정을 정치적 목적을 위해 사용하기도 했고, 그로 인해 감독과 선수가 비난받는 일도 있었지만 선수들은 경기에서 이기고자 항상 최선을 다했고, 승리 소식은 국민에게 큰 기쁨이자 자부심이었다.

5장

쿠바

Cuba

뒤늦게 독립을 이룬 나라,
쿠바

쿠바 아바나의 첫인상은 다소 충격적이었다. 굉장히 낡은 건물과 자동차 그리고 거리를 오가는 이들의 모습이 마치 다른 시대에 와 있는 것 같은 느낌이었다(아바나는 구역마다 다른 특성을 갖고 있다). 어느 곳에서도 보지 못했던 아주 새로운 광경이었다. 그중에서도 시선을 사로잡은 것은 형형색색의 올드카였다. 책에서나 볼 수 있을 것 같은 오래된 자동차가 거리를 달리고 있었다. 관광객을 대상으로 한 올드카 투어는 아바나의 대표적 관광 상품이다. 나도 올드카를 타봤다. 시원한 바닷바람을 맞으면서 이국적인 자동차를 타고 쿠바의 풍경 속을 달리는 재미가 생각보다 쏠쏠했다. 올드카는 주로 캐딜락, 포드 등 미국산 차가 많았다. 1961년 쿠바는 미국과도 단교했고 무역 제재 등으로 차량 수입이 어려웠을 텐데, 미국산 자동차가 어떻게 들어왔을까?

올드카는 말 그대로 올드카였다. 그러니까 미국과 단교하기 이전에 쿠

시간이 멈춘 듯한 아바나의 거리

바에 들어왔던 진정한 올드카를 지금까지 타고 다니는 것이다. 쿠바 혁명 이전에는 쿠바와 미국의 교류가 매우 활발했기 때문이다. 미국과 쿠바의 관계는 쿠바의 독립 전쟁에서부터 본격적으로 시작된다.

1800년대 초반 독립을 이룬 대부분의 라틴아메리카 국가와 달리 쿠바는 19세기 후반까지 에스파냐의 식민지로 남아 있었다. 쿠바는 16세기 중반 이후 에스파냐와 에스파냐령 아메리카 사이의 기항지이자 무역을 위한 주요 항구로 기능했다. 아이티 혁명(1791~1804년) 이후에는 훌륭한 사탕수수 재배지가 됐으므로 에스파냐 입장에서 쿠바는 꼭 지키고 싶은 달콤한 섬이었다. 아이티는 프랑스의 식민 지배를 받았는데, 프랑스는 사탕수수 플랜테이션을 통해 엄청난 양의 설탕을 생산했고 이를 위해 흑인들의 노동력을 착취했다. 그러던 중 프랑스에서 혁명이 발발하자 아이티의 흑인은 자유와 평화를 위해 독립 전쟁을 시작했고, 결국 1804년 라틴아메리카에서 최초로 독립을 이루었다. 이 과정에서 아이티의 설탕 산업은 완전히 마비됐다. 이후 설탕 산업 종사자가 쿠바에 투자하면서 쿠바의 설탕 산업이 빠르게 성장할 수 있었다. 혁명 이후 아이티의 설탕 산업이 몰락하는 것을 목격한 쿠바인은 당분간 독립을 피하고 싶었다.

쿠바산 설탕 수요는 점점 증가했다. 그중에서도 미국은 쿠바 설탕의 단골이었다. 심지어 농업을 더욱 발전시켜 이익을 얻기 위해 쿠바를 사들이려고도 했다. 한편 에스파냐는 쿠바 내 설탕 산업에 대한 독점을 강화했다. 쿠바에서는 국민 의식과 계급 의식이 발전하면서 에스파냐의 식민 지배에 대한 불만이 커지고 있었다. 쿠바인들은 에스파냐의 정책이 쿠바의 발전을 저해한다고 생각했다. 이러한 불만은 설탕 가격이 하락하고 쿠바 경제가 심각하게 침체되면서 더욱 심해졌다. 결국 1868년 쿠바에서도 에스파냐의 식민 지배로부터 벗어나기 위한 독립 전쟁이 시작됐다. 파괴적인 전쟁을 10년이나 이어간 제1차 독립 전쟁(1868~1878년, 10년 전쟁이라고 불린다)은 결국 실패로 끝났다. 그러나 독립 전쟁의 경험은 국민의 애국심을 고취시켰다.

10년 전쟁 이후로도 쿠바에서는 소규모 폭동이 종종 일어나곤 했다. 1890년 무렵에도 쿠바는 여전히 에스파냐의 식민지였지만, 경제적으로는 미국에 더 의존하고 있었다. 미국은 쿠바에 투자했고 쿠바가 미국에 수출하는 양도 상당했다. 그러던 중 1895년 설탕 과잉 생산으로 쿠바 경제가 큰 위기를 맞았을 때 다시 한 번 독립을 위한 혁명이 일어나게 된다. 이때 에스파냐 군대가 반란을 잔인하게 진압하자, 에스파냐의 식민 지배를 탐탁지 않게 여기던 미국이 에스파냐의 만행을 규탄했다. 심지어 에스파냐에 맞서 싸워야 한다는 목소리까지 나왔다. 미국 내에서는 이 싸움에 끼어들 것인지를 놓고 논쟁이 벌어졌다. 쿠바에 있는 미국의 투자 자산이 전쟁으로 파괴되자 미국도 손을 놓고 있을 수만은 없었다.

미국은 자국민의 생명과 재산을 보호하기 위해 우선 메인호를 아바나에 보내서 사태를 주시하기로 했다. 그런데 1898년 2월 15일 메인호가 폭발하여 약 260명이 사망하는 사건이 발생했다. 원인은 분명하지 않았지만 미국 내 여론은 에스파냐를 의심하는 쪽으로 기울었고, 전쟁에 참여해야 한다는 주장이 힘을 얻게 됐다. 결국 미국은 에스파냐에 선전 포고를 했고, 미국과 에스파냐 간의 전쟁이 시작됐다. 미국은 힘들지 않게 에스파냐군을 격파했고, 1898년 12월 10일 양국은 파리 조약을 체결했다. 이 조약에 따라 에스파냐는 쿠바를 포기하고 푸에르토리코와 괌, 필리핀을 미국에 넘겨야 했다. 그렇게 300년 이상 아메리카 대륙에 영향력을 펼쳤던 에스파냐가 물러갔다.

미국이 에스파냐군을 물리쳤다고 하지만, 사실 이는 쿠바가 1895년부터 시작한 긴 싸움의 연장이었다. 쿠바가 치열한 전쟁을 통해 독립을 이룬 것이다. 그러나 쿠바는 3년간 다시 미국의 군정하에 놓이게 된다. 이 기간 동안 미국은 쿠바 내 자국민의 생명과 재산 보호의 명목으로 쿠바의 주권을 제한했다. 미국은 쿠바의 제헌 의회를 압박해 플랫 수정안Platt Amendment을 포함한 헌법을 채택하도록 했다. 플랫 수정안은 외교 및 통상에 관한 쿠바의 주권을 침해하고, 미국이 관타나모만에서 해군 기지를 유지할 수 있도록 권리를 부여하는 등 미국의 내정 간섭권을 인정하는 내용을 담고 있었다.

한편 쿠바인은 지속적으로 플랫 수정안 철폐를 요구했으며, 1934년 프랭클린 루스벨트 대통령이 이를 폐기했다. 그러나 관타나모 항구에 대한 미국의 조차권은 계속 유지됐다.

❈ 〈관타나메라〉 ❈

〈관타나메라Guantanamera〉, 매스컴을 통해 알려져 우리에게 익숙한 이 노래는 쿠바를 여행하는 동안 가장 많이 듣게 되는 노래다. 여행 중 만난 일행이 계속 반복되는 '관타나메라'라는 가사를 '원 달러 내라'로 따라 부르니 정말 그렇게 들려 웃음이 나왔다. 우리나라의 〈아리랑〉만큼이나 쿠바인이 사랑하는 이 노래는 우리에게는 한없이 경쾌하고 즐거운 노래로 느껴져 '원 달러 내라'고 농담도 하게 되지만, 사실 이 노래는 에스파냐의 식민 통치 시절 고단한 삶을 영위하던 쿠바 사람의 설움이 담긴 저항의 노래다. 가사의 내용도 얼핏 듣기에는 전원적이고 소박해 보이지만, 곱씹을수록 강인한 의지가 느껴진다.

관타나메라
관타나모의 여인이여, 관타나모의 시골 여인이여
나는 진실한 사람
야자수가 자라는 마을에서 왔다네
죽기 전에 바라는 것은
내 영혼의 시를 노래하는 것
나를 어둠 속에 두지 마시오
반역자처럼 죽도록
나는 좋은 사람
태양을 바라보며 죽으리라
이 땅의 가난한 사람들과 함께
나의 행운을 나누리라
골짜기에 흐르는 시냇물이
바다보다 나를 더 기쁘게 하네
표범은 외투를 걸치고 있다네
건조하고 어두운 숲에서
나는 표범보다 많은 것을 가지고 있다네
좋은 친구가 있으니

이 기사는 쿠바 독립의 이버지라 불리는 호세 마르티José Martí가 1891년에 쓴 『소박한 시Versos Sencillos』에 포함된 세 편의 시에서 한 연씩 따온 것이다. 호세 마르티는 아바나 출신 시인이자 사상가, 혁명가다. 그는 학창 시절 독립투사와 싸우기 위해

관타나모 기지 폐쇄를 요구하는 시위**21**

에스파냐군에 지원한 동료를 비판한 글로 에스파냐 식민 당국에 체포되어 6년 형을 선고받지만, 부모의 노력으로 감형돼 에스파냐로 추방된다. 에스파냐에서 마드리드 대학과 사라고사 대학을 졸업한 후 에스파냐, 라틴아메리카, 미국 등을 다니며 기자로, 문필가로, 혁명가로 일하며 쿠바 독립에 대한 지지를 얻고자 노력했다.

1892년, 쿠바 혁명당을 설립하고 독립을 향한 본격적인 활동을 시작했다. 제1차 독립 전쟁, 즉 10년 전쟁에 참여했다가 투옥되기도 했던 그는 1895년 제2차 독립 전쟁을 이끌다가 도스 리오스Dos Ríos 전투에서 전사했다. 그가 쓴 〈관타나메라〉의 가사처럼 죽기 전에 가슴에 맺힌 시를 노래하고 조국을 위해 목숨을 바친 것이다. 호세 마르티의 사상은 쿠바 혁명에 절대적 영향을 끼쳤다. 오늘날 아바나에 그의 이름을 딴 공항, 광장, 박물관 등이 있을 정도로 그는 쿠바의 국가적 영웅으로 존경받고 있다.

노래 제목인 〈관타나메라〉는 '관타나모의 여인'이라는 뜻으로, 관타나모는 쿠바 동쪽에 위치한 도시다. 미국은 에스파냐와의 전쟁에서 승리한 후 플랫 수정안을 채택해 관타나모만에 해군 기지를 유지할 수 있는 권리를 얻었으며, 지금까지도 이곳을 미 해군 군사 기지로 사용하고 있다. 1959년 쿠바 혁명 이후 쿠바는 지속적으로 관타나모 반환을 요구하며, 미국이 매년 수표로 지불하는 임대료를 한 번도 환금하지 않았다고 한다.

여기에 미국이 2001년 9·11 테러 이후 '테러와의 전쟁'이라는 명분으로 아프가니스탄 포로와 테러리스트를 관타나모 기지에 수용하면서 포로와 테러리스트에

대한 인권 침해 논란과 더불어 관타나모 미군 기지 폐쇄 운동이 계속되고 있다.

〈관타나메라〉의 작곡자에 대해서는 아직도 논쟁 중이다. 이 곡은 1929년부터 라디오를 통해 널리 알려졌지만 얼마 지나지 않아 잊혔다. 이후 미국의 전설적인 포크 가수 피트 시거Pete Seeger가 〈관타나메라〉를 미국에 소개하면서 반제국주의, 반전 평화 운동의 상징적인 노래가 됐고 1966년 남성 3인조 보컬 샌드파이퍼스The Sandpipers가 리메이크하면서 전 세계적 인기를 얻게 됐다.

한 권으로 읽는 라틴아메리카 이야기

쿠바와 미국은
왜 이렇게 사이가 나쁜가?

이 책을 준비하며 다시 한 번 쿠바를 방문하려고 계획하던 중 2021년 1월 12일 미국 정부가 쿠바를 테러 지원국으로 지정하면서 2021년 1월 이후 쿠바 방문 이력이 있는 경우 ESTA 비자가 취소된다는 소식을 접하게 됐다. 바로 쿠바 친구에게 물어보니, 실제로 얼마 전에 우리나라 사람이 쿠바에 방문했다가 ESTA 비자가 취소돼 귀국에 어려움을 겪었다고 한다. 라틴아메리카 여러 국가를 자주 오가야 하고, 그러기 위해서 미국을 자주 경유해야 하는 만큼 이번에는 쿠바 일정을 포기해야 했다. 미국 제재의 영향력이 직접 느껴지는 순간이었다. 그럼 미국과 쿠바의 관계는 언제 틀어졌을까? 그리고 미국은 왜 이렇게 쿠바를 미워하는 것일까?

1898년 쿠바는 에스파냐의 식민 지배로부터 독립을 이루었다. 그러나 독립 이후 바로 미국의 군정이 시작돼 3년간 미국의 지배를 받아야 했다. 전쟁을 겪으면서 쿠바의 소규모 제조 공장들은 파괴됐다. 대신 미국을 비롯한 외국 자본이 대량 유입되고, 대규모 설탕 제조 공장이 사탕수수 농장을 구매해 나갔다.

소수에게 큰 공장과 대규모 농장이 집중되면서 쿠바 대중의 삶은 더욱 고달파졌다. 농촌에서 일자리를 구하는 것이 쉽지 않았으며, 일자리를 구하더라도 임금이 적었다. 인근 카리브해 국가에서 값싼 노동력을 동원할 수 있었기 때문이다. 토지를 잃은 농민들은 소작인으로서 최저 수준의 생활을 이어가며, 언제 쫓겨날지 모른다는 불안감 속에 살아야 했다. 대중의 생활 수준이 낮아지고 구매력이 떨어지자 공산품 시장 또한 축소됐다. 그 결과 산업화는 뒤처지고 쿠바 경제는 설탕 산업에 더욱 의존하게 됐다.

이처럼 쿠바는 독립을 이룬 후에도 미국과 쿠바 엘리트의 이익에 집중하면서 설탕 산업 중심의 개발을 이어나갔다. 그런데 설탕이라는 하나의 작물에 의존한 경제는 세계 시장 변동에 취약했으며, 쿠바의 경제는 외부 상황에 의해 번영과 혼란을 반복했다. 그리고 인종주의적 정책까지 추진됐다. 이런 상황에서 노동자, 농민, 아프리카계 쿠바인 등 하층민의 불만은 점점 쌓여갔다. 노동자는 노동조합을 조직하고, 아프리카계 쿠바인은 유색 인종 독립당Partido Independiente de Color(PIC) 등을 조직해 사회 정의를 요구했다.

정권의 폭정과 경제 침체가 이어지자 쿠바 대중은 파업, 농장 점거 등의 방법으로 저항했고 지도자들이 이를 거칠게 억압했다. 이 과정에서 쿠바에 폭력이 확산됐고, 결국 1933년 9월 4일 하사관의 반란Revuelats de Sargentos이 일어났다. 이 반란은 하급 군인이 자신의 처우 개선을 요구하면서 시작된 것이었다. 그런데 당시 고조되던 시민의 불만이 합세해 정치적 성격의 혁명으로 발전했다. 이때 반란을 이끌었던 인물 중에 풀헨시오 바티스타Fulgencio Batista가 있었다. 그는 이후 두 차례에 걸쳐 총 11년간(1940~1944년, 1952~1959년) 대통령을 역임했다.

첫 번째 임기에는 농촌에 학교를 세우고 도로를 건설하거나 보수하는 등 무난한 정책을 펼쳐 대중의 인기를 얻을 수 있었다. 그러나 쿠데타를 일으켜 두 번째로 등장했을 때는 독재자의 면모를 드러내기 시작했다. 파업을 금지하고 의회를 정지시켰다. 정치적 반대 세력은 체포, 구금, 고문, 사형했다. 미국에 대한 의존도도 상당했다. 토지는 대부분 미국 자본이 소유했고, 미국의 더러운 자본이 쿠바로 몰려들었다. 매춘과 마약, 부정부패와 뇌물 등이 쿠바에 퍼져 나가고 있었다. 당시 쿠바에서 바티스타에 이어 가장 권력 서열이 높은 사람이 쿠바 주재 미국 대사였다고 하니, 미국의 영향력이 어느 정도였는지 알 수 있다. 경제는 여전히 설탕 산업에 의존적이었고 경제적 불평등은 심각했다. 쿠바 대중의 삶은 지독하게 고달팠고, 지옥 같은 상황에서 그들을 구원할 지도자가 필요했다.

이때 등장한 사람이 바로 피델 카스트로Fidel Castro다. 카스트로는 에스파냐 출신 농장주의 아들로 태어났다. 부유한 집안 출신임에도 불의를 보면 참지 못하는 성격이었던 카스트로는 대학(아바나 대학교 법학부)에 입학하면서 본격적으로 정치 활동에 참여하기 시작했다. 쿠바 개혁을 꿈꾸던 그는 1952년에 예정된 총선에서 야당 후보로 출마하고자 했다. 그러나 바티스타가 쿠데타를 일으키면서 총선이 무산됐고, 이에 대한 위헌 소송 또한 기각되자 카스트로는 쿠바 개혁을 위해서는 '무장 혁명'이 필요하다는 생각을 하게 됐다.

혁명 광장. 왼쪽은 체 게바라, 오른쪽은 또 다른 혁명 영웅인 카밀로 시엔푸에고스(Camilo Cienfuegos)

1953년 7월 26일 카스트로는 소규모 부대를 이끌고 산티아고 데 쿠바에 있는 군사 기지인 몬카다Moncada 병영을 습격하며 독재에 저항했다. 정부는 신속하게 대응했고, 혐의자를 체포한 뒤 고문하고 처형했다. 카스트로도 체포됐다. 동료가 잔인하게 처형되는 공포의 순간에도 그는 소신을 굽히지 않았고, 최후 변론에서 "역사가 나를 사면하리라La historia me absolverá"라는 유명한 말을 남겼다. 다행히 바티스타 정권은 수감 이후 2년이 채 안 된 1955년 5월에 카스트로를 사면했다.

그는 본격적인 혁명을 준비하기 위해 동생인 라울 카스트로Raúl Castro와 함께 멕시코로 이동했다. 그곳에서 중요한 혁명 동지인 에르네스토 체 게바라Ernesto Che Guevara를 만났고, 여러 동지를 모아서 혁명을 준비했다. 그리고 1956년 11월 25일 작은 배 그란마Granma에 82명의 장정이 올라탔다. 그러나 쿠바의 한 해안에 상륙한 지 사흘 만에 대원 대부분이 다치거나 죽고 체포됐다. 피델 카스트로, 라울 카스트로, 체 게바라 등 살아남은 사람은 10여 명에 불과했다. 실패한 듯 보이는 혁명이었지만, 혁명군은 마에스트라산맥에서 정부군에 맞서 끈질긴 게릴라전을 펼쳤다. 혁명의 물결이 퍼져 나갔고, 주요 도시에서 총파업이 벌어졌다. 1959년 1월 1일 산타 클라라Santa Clara 전투에서 혁명군이 승리했고, 바티스타는 도미니카 공화국으로 도주했다.

혁명 정부는 우선 반혁명 세력을 응징하고 농지 개혁을 추진했다. 그리고 쿠바의 상류층과 미국이 소유하고 있던 대농장과 설탕 공장을 몰수하고 국유화했다. 이러한 조치에 가만히 있을 수 없었던 미국은 경제 제재로 맞섰다. 사탕수수 쿼터를 축소해서 설탕에 의존하던 쿠바 경제에 타격을 줬고 쿠바로의 수출을 금지했다. 미국의 다국적 에너지 기업에도 쿠바에 석유 수출을 제한할 것을 요청했다. 그로 인해 곤란해진 쿠바에 소련이라는 새로운 친구가 나타났다.

소련은 쿠바의 사탕수수를 고가에 구입하고 석유는 저가에 공급해 주었다. 결국 1960년 5월 쿠바와 소련은 외교 관계를 수립했고, 반대로 1961년 1월 미국은 쿠바에서 대사관을 철수하고 쿠바와 단교했다. 이후에도 미국은 꾸준히 쿠바에 제재를 가했고 그럴수록 쿠바는 더욱 소련에 의지하게 됐다.

미국은 냉전 시대에 자신의 코앞에 있는 나라에서 혁명이 일어나고 사회주의화되는 모습을 견딜 수 없었다. 그래서 경제적 압박뿐 아니라 무력까지 동원하기 시작했다. 대표적인 예가 피그스만Bay of Pigs 침공이다. 당시 혁명 정권의 정책으로 타격을 입은 기득권 세력은 미국으로 망명을 떠났다. 미국의 CIA는 이들 망명자를 동원해 반혁명 부대를 구성하고 아바나에서 가까운 피그스만을 침공하는 계획을 세웠다.

1961년 4월 15일 새벽에 침공군의 폭격기가 아바나와 산티아고 데 쿠바의 비행장을 폭격했다. 이어서 4월 17일 침공군을 태운 군함이 피그스만에 상륙했다. 그러나 카스트로가 지휘하는 혁명군은 72시간 만에 이들을 물리쳤다. 결과적으로 100여 명의 사상자를 냈으며 1,000여 명을 포로로 잡았다. 이후 쿠바는 전쟁과 그로 인한 손해에 대한 배상으로 약 5,300만 달러를 받은 후에 포로를 풀어줬다. 미국은 처음으로 군사 행동에 실패해 배상금을 지불하는 쓰린 경험을 해야 했다. 반면에 쿠바는 미국에 패배를 맛보게 한 첫 번째 라틴아메리카 국가라는 기록을 세웠다.

피그스만 침공 이후 카스트로의 위상은 엄청나게 높아졌지만, 미국과의 관계는 악화됐다. 이는 쿠바를 힘들게 했다. 미국은 쿠바와 다른 라틴아메리카 국가 간의 관계에도 영향을 미쳐 많은 라틴아메리카 국가들이 쿠바와 국교를 단절했다. 그럴수록 쿠바는 더욱 소련에 의존했으며, 결국 쿠바 혁명이 '사회주의 혁명'이었음을 선언하기에 이른다.

소련은 미국의 공격으로부터 쿠바를 적극적으로 보호하기 시작했다. 자존심이 잔뜩 상한 미국이 쿠바 혁명 정부를 무너뜨리기 위한 새로운 계획을 세우자 소련은 쿠바와 합의 끝에 쿠바 내에 소련의 미사일 기지를 설치하기 시작했다.

비밀리에 미사일 기지 공사를 진행하던 중 미군 정찰기가 이를 포착했다. 미국 본토 거의 전역이 소련의 핵 공격권에 포함된다는 것을 알게 된 미국은 경악을 금치 못했다. 미국은 쿠바에서 미사일 기지를 철수할 것을 소련에 요구했고, 쿠바 해역을 봉쇄해 소련의 군수 물자가 쿠바에 유입되지 못하게 했다. 이로써 미국과 쿠바 간의 갈등은 냉전 시대 최대 강국인 미국과 소련 간의 갈등으로 확대됐다.

1962년, 모두를 제3차 세계대전의 공포에 떨게 만든 '미사일 위기'가 발발했다. 상황은 매우 급박하게 돌아갔고, 양측은 전투태세에 돌입했다. 전쟁이 일어난다면 두 국가의 전쟁에 그치지 않고, 전 인류 차원의 재앙이 될 것이었다. 그러나 다행히도 미국과 소련의 지도자는 강하게 맞서는 한편, 비밀리에 접촉해서 사태를 해결하기 위해 노력했다. 결과적으로 미국은 쿠바를 공격하지 않을 것이며, 터키에 배치한 미사일도 철수하기로 약속했다. 그리고 소련은 쿠바의 미사일 기지 구축을 철회했다. 이렇게 냉전 시대 최대 위기의 순간을 넘겼으나 쿠바와 미국의 관계는 개선되지 않았다. 쿠바는 남아메리카나 아프리카 지역의 좌익 반군을 지원했고, 미국의 쿠바 제재도 강화됐다.

1975년 12월 제1차 쿠바 공산당 전당 대회가 열렸다. 여기서 쿠바는 첫 사회주의 헌법을 채택했고, 이는 1976년 2월 국민 투표에 의해 승인됐다. 혁명 이후 배후에서 통치하던 카스트로는 1976년 국가 평의회 의장으로 취임해 2008년 친동생인 라울 카스트로에게 의장직을 물려줄 때까지 임무를 수행했다.

혁명 정권은 교육과 의료, 고용, 공평한 소득 분배 등의 측면에서 성과를 거두었고, 대부분의 쿠바인이 혁명의 혜택을 누렸다. 그러나 쿠바는 강력하고 지속적인 미국의 제재를 받았다. 쿠바는 소련과 사회주의 진영에 의존했으나 냉전이 종식되고 사회주의 진영이 무너지자 매우 취약한 상태에 놓이게 됐다.

쿠바 혁명은 미국에 상당한 충격을 줬고, 미국은 라틴아메리카에서 또 다른 쿠바가 등장하는 것을 어떻게든 막고자 했다. 이는 미국이 쿠바뿐 아니라 다른 라틴아메리카 국가를 대하는 태도에도 영향을 미쳤다.

쿠바를 대표하는
두 명의 이방인

혁명의 영웅, 체 게바라(Che Guevara)

쿠바 혁명을 이야기하면서 빼놓을 수 없는 인물은 바로 체 게바라다. 본명은 에르네스토 게바라 데 라 세르나Ernesto Guevara de la Serna인데, 혁명에 뛰어들면서 '어이! 친구' 정도의 뜻을 갖고 있는 '체Che'라는 이름을 사용했다고 한다.

쿠바 혁명의 영웅인 체 게바라의 고향은 사실 쿠바가 아니다. 그는 1928년 아르헨티나 로사리오의 중상류층 가정에서 태어났다. 1948년 부에노스아이레스 의과 대학에 입학한 게바라는 1952년 친구인 알베르토 그라나도와 함께 오토바이를 타고 남아메리카 각지를 여행했다. 여행하는 동안 목격한 농부, 광부 등 빈민의 모습은 그에게 충격적이었고, 이 경험을 바탕으로 게바라는 가난하고 힘없는 사람을 위해 살기로 결심하게 된다. 이후 과테말라 농민을 위한 토지 개혁이 미국의 개입으로 실패

하는 것을 보며 미국에 대한
적개심을 가지고 과테말라의
혁명에 참여했다. 그러나 과
테말라 혁명은 실패했고, 그
는 멕시코로 피신했다. 피신
처였던 멕시코에서 카스트로
형제를 만난 체 게바라는 쿠
바 혁명에 합류했다.

체 게바라**22**

쿠바 혁명이 성공한 이후
체 게바라는 쿠바 중앙은행
총재와 산업부 장관의 요직
을 거치지만, 어느 날 단 한
장의 편지를 남긴 채 다시 혁명의 전선으로 돌아갔다. 콩고를 거쳐 볼리
비아의 혁명을 위해 게릴라 전투를 벌이던 그는 미국 CIA와 볼리비아 정
부군에 생포돼 총살당했다. 그의 나이 39세였다.

별 달린 검은 베레모, 긴 머리와 수염, 전혀 꾸미지 않았지만 배우같이
잘생긴 외모로 어딘가를 뚫어지게 보는 그의 모습은 이제 쿠바뿐 아니라
전 세계 어디서든 볼 수 있다. 이 사진이 벽화, 관광 기념품, 티셔츠, 모
자, 포스터, 팝 아트뿐만 아니라 축구공, 스노보드 등에도 무분별하게 사
용될 수 있는 것은 이 사진을 찍은 알베르토 코르다**Alberto Korda**가 저작료
없이 누구나 사용할 수 있도록 허락했기 때문이다.

사람들은 불행히도 체 게바라의 얼굴을 그의 삶과는 상반되는 하나의
상업적 아이콘으로 만들어 버렸다(이런 현상이 염려됐는지 코르다는 2011년 이

사진에 대해 저작권을 등록한다).

　20세기 프랑스를 대표하는 철학자 장 폴 사르트르는 체 게바라를 "우리 시대의 가장 완벽한 인간"이라 평했다. 체 게바라의 인생, 작품, 일기 등의 저작물이 전 세계의 언어로 출판됐고, 가톨릭교회의 일부 성직자는 체 게바라를 성인의 반열에 올려야 한다고 주장한다. 할리우드는 체 게바라와 관련해 세 개의 영화 〈체Che!〉(1969), 〈모터사이클 다이어리〉 (2004), 〈체 게바라 1, 2부〉(2008)를 제작했다. 이 세 영화는 미국에 적대심을 가지고 살았던 공산주의자 체 게바라에게 불멸의 투쟁가라는 긍정적 평가를 내린다. 그러나 한편에서는 그와 관련한 모든 일을 부정하고 그의 잔인함과 무능함을 지적하기 위해 애써 노력한다.

　어느 것이 진실인지 오늘날 우리가 판단하기는 쉽지 않다. 그러나 지구 반대편 라틴아메리카를 여행하면서 느끼는 것은 라틴아메리카의 많은 나라가 비슷한 시기에 우리가 겪었던 어려움 즉 식민지, 군사 정권, 민주화 운동 등을 겪었다는 것이다. 그리고 그 시대에 누군가는 불의를 보고 자신의 목숨을 바쳐 사상, 국가, 민중을 지키기 위해 헌신했다.

　체 게바라, 그 역시 불행한 민중을 위해 분노했고 그들을 위해 기꺼이 자신의 목숨을 바쳤다. 자신과는 아무런 연고도 없던 땅과 그곳에 사는 사람들을 위해….

쿠바를 사랑한 미국인, 헤밍웨이(Ernest Hemingway)

　쿠바에서 체 게바라와 함께 관광객의 눈을 사로잡는 인물은 어니스트 헤밍웨이다. 아바나를 여행하다 보면 헤밍웨이의 단골 술집 앞에 그가 마셨던 모히토와 다이키리를 마시기 위해 늘어선 인파로 인해 자연스럽게 이곳이 헤밍웨이가 살았던 곳임을 알게 된다. 헤밍웨이가 살던 호텔

엘 플로리디타에 있는 헤밍웨이의 실물 크기 동상**23**

과 집, 그의 작품 속 배경이 된 장소를 둘러보는 관광 상품이 있고, 이 모
든 장소에 관광객들이 넘쳐난다. 그토록 사이가 좋지 않은 미국에서 온
작가가 쿠바를 대표하는 인물이자 대표 관광 상품이 됐다는 것이 아이러
니하다.

　1928년 헤밍웨이는 낚시 여행을 왔다가 쿠바와 사랑에 빠졌다. 1932
년 쿠바에 정착한 이후 쿠바 혁명으로 1961년 1월 미국이 쿠바와 국교를
단절해 미국으로 돌아갈 때까지 그는 인생의 절반을 쿠바에서 보냈다.
그리고 미국으로 돌아간 6개월 뒤 아이다호주의 자택에서 엽총으로 자
살했다. 헤밍웨이는 쿠바에서 『누구를 위해 종을 울리나』(1940)와 『노인
과 바다』(1952) 등 많은 명작을 썼다. 그는 『노인과 바다』로 1954년에 노
벨 문학상을 받았다.

코히마르의 헤밍웨이 광장

1932년부터 1939년까지 헤밍웨이는 아바나 중심에 있는 암보스 문도스Ambos Mundos 호텔 511호에 거처를 정했는데, 작은 침대 하나만 있는 소박한 방이었다. 이 호텔에서 멀지 않은 곳에 헤밍웨이의 단골 술집 엘 플로리디타El Floridita와 라 보데기타 델 메디오La Bodeguita del Medio가 있는데, 이 두 술집 사이의 거리는 5분 정도다.

"내 모히토는 라 보데기타, 내 다이키리는 엘 플로리디타My mojito in La Bodeguita, My daiquiri in El Floridita."

이 말은 헤밍웨이가 쿠바에 오는 전 세계의 관광객에게 내린 지령이다. 그의 지령에 따라 수많은 관광객이 긴 기다림을 마다하지 않고 이 두 술집을 찾아 모히토와 다이키리를 마신다. 국내 영화를 통해서도 잘 알려진 모히토의 원산지는 몰디브가 아니라 쿠바다. 럼 베이스에 라임즙, 설탕, 민트를 넣어 만든 칵테일이다. 다이키리 역시 럼 베이스에 라임즙과 설탕을 넣어 만든다.

헤밍웨이는 1939년 아바나 외곽의 산 프란시스코 데 파울라에 '핑카 비히아Finca Vigia(전망이 있는 농장)'라는 이름의 저택을 구매하고 아바나를 떠나는 1961년까지 그곳에서 살았다. 현재는 헤밍웨이의 박물관으로 사용된다. 수영장이 있는 정원에는 그가 청새치를 잡을 때 사용했던 '엘 필라르El Pilar'라는 요트도 전시돼 있다. 작은 단칸방과 같았던 암보스 문도스 호텔에 비하면 초호화판이다. 아마도 이 시대 아바나에 거주하던 미국인 부르주아의 별장이 이랬을 것 같다는 생각이 든다.

그의 집 핑카 비히아와 소설 『노인과 바다』의 배경인 어촌 코히마르는 약 20km 떨어져 있다. 코히마르에 있는 헤밍웨이 광장에는 기둥으로 둘러싸인 누각에 헤밍웨이 흉상이 놓여 있는데, 고기잡이배의 청동 프로펠러로 코히마르 사람들이 직접 만들었다고 한다.

헤밍웨이는 자주 코히마르에 가서 낚시를 즐겼고, 거기에서 『노인과 바다』에 나오는 늙은 어부에 대한 무용담을 들었다고 한다. 헤밍웨이의 집 핑카 비히아의 정원에 있는 그의 요트 엘 필라르의 선장이 바로 그 늙은 어부 그레고리오 푸엔테스Gregorio Fuentes였다.

『노인과 바다』로 노벨 문학상을 받으면서 헤밍웨이는 "이 상을 받는 최초의 입양 쿠바인"이라는 수상 소감을 전했다. 쿠바를 진정으로 사랑한 미국인 헤밍웨이의 흔적은 쿠바 곳곳에서 찾아볼 수 있다. 그리고 그의 흔적을 찾아 수많은 관광객이 매년 쿠바로 향한다.

일부는 헤밍웨이를 그의 작품이 아닌 값싼 기념품이나 칵테일로 기억하는 일에 아쉬움을 표하기도 한다. 그러나 기념품이나 칵테일 한 잔으로라도 그를 기억하고 돌아볼 수 있다면, 우리 삶의 기억에서 사라지는 것보다 좋은 일이 아닐까? 여행에서 돌아와 한때 읽었던 헤밍웨이의 명작을 다시 한 번 찾아서 읽어볼 수도 있을 테니까 말이다.

유럽도, 아프리카 것도 아닌 쿠바의 음악

쿠바를 방문할 때 나는 온통 쿠바 음악에 대한 기대감으로 벅차 있었다. 아바네라, 차차차, 맘보, 손, 살사, 룸바, 과히라Guajira, 파창가, 아프로-쿠반 재즈 등 한 번쯤 들어봤을 이 음악들은 모두 쿠바에서 발전했다. 이외에도 우리에게 익숙하지는 않지만 더 많은 장르의 음악이 쿠바에서 발생했다. 그리고 쿠바의 음악은 라틴아메리카와 그들의 '적대국'인 미국을 거쳐 전 세계로 퍼져 나갔다. 쿠바에서 이렇게 다양한 음악과 춤이 발전할 수 있었던 이유는 무엇일까?

쿠바가 1511년 에스파냐에 정복됐을 때 이 섬에 살고 있던 원주민은 약 100만 명에 이르렀다고 한다. 그러나 에스파냐의 탄압과 에스파냐인과 함께 건너온 천연두 같은 병균에 감염돼 100여 년 만에 쿠바의 원주민은 거의 전멸했다. 이후 쿠바가 사탕수수와 담배 농사에 전력하게 되면서 에스파냐에서 다양한 지역 출신의 백인이 쿠바로 건너 왔다. 이들은 자신들의 음악과 더불어 에스파냐에서 유행하던 '커플 댄싱'을 들여왔는데, 이들 에스파냐계 후손에 의해 쿠바의 농촌 음악인 과히라와 춤이 발전했다.

사탕수수와 담배 농사가 번성하면서 새로운 노동력이 필요했다. 그리하여 아프리카에서 흑인 노예가 유입됐는데, 1886년 노예제가 금지되기까지 약 300년 동안 거의 100만 명에 이르는 흑인 노예가 쿠바로 끌려왔다. 쿠바에 온 흑인 노예는 가톨릭으로 개종해야 했지만, 미국의 흑인 노예와 달리 그들의 종교 의식을 자유롭게 지켜나갈 수 있었다. 그들은 아프리카 신들을 가톨릭의 성자에 대입해 산테리아Santería라는 혼합 종교를 만들어 냈다. 이 산테리아 의식에 다양한 아프리카 타악기를 사용하면서 아프리카적인 리듬과 춤이 발전할 수 있는 조건이 조성됐다. 에스파냐의 점령 초기 쿠바 음악은 에스파냐의 색깔이 강했으나, 점차 흑인 노예 인구 비중이 증가하면서 아프리카적 색채가 드러나게 된다. 쿠바의 음악을 한마디로 정리하면 서유럽의 화성과 선율이 아프리카의 리듬과 만나 쿠바만의 독특하고 다양한 음악으로 발전했다고 할 수 있다.

쿠바 음악의 중심, 손과 단손

1. 손Son

쿠바 음악 가운데 가장 중요하며, 19세기 말 노예 해방 이후 쿠바의 동부 오리엔테주에서 발생한 아프로-쿠반을 대표하는 최초의 대중음악이라 할 수 있다. 유럽처럼 농촌 마을이 형성되지 않았기에 사탕수수를 경작하기 위해 에스파냐를 떠나 쿠바에 온 이들은 경작지에 주거지를 형성

하고 고립된 삶을 살았다. 따라서 그들은 고립감을 해소하고자 사람과 접촉할 수 있는 다양한 사교 모임과 축제를 만들어 냈다. 모임과 축제에는 언제나 음악이 필요했는데, 이를 통해 지역 색깔이 반영된 음악이 탄생했다.

1870년대 흑인과 백인으로 구성된 악단**24**

결국 손은 에스파냐의 기타와 같은 서유럽의 악기가 이루어 내는 화성과 선율이 아프리카의 다양한 타악기 리듬과 만나 만들어진 '최초의 쿠바다운 음악'이라고 할 수 있다.

2. 단손Danzón

단손은 손과 같은 시기인 19세기 말에 생겨났다. 손이 연주(노래) 음악 중심이라면, 단손은 에스파냐 분위기의 무도 음악을 중심으로 발전했다. 18세기 유럽의 무도회에서 남녀가 추던 춤을 '콩트르당스Contredanse'라고 했는데, 같은 시기에 식민지 쿠바의 에스파냐인 사이에서도 '콘트라단사Contradanza'라는 춤이 유행했다. 이때 음악은 본국에서 온 군악대의 악기를 편성해서 사용했다. 이후 밴드를 흑인과 물라토(흑인과 백인의 혼혈인)가 맡게 되면서 점차 음악에 아프리카적 요소가 스며들게 됐다. 이 콘트라단사에 쿠바적 색채가 들어가 발전한 것이 단손이다.

1900년대 초반 쿠바 정부는 단손을 쿠바의 국민 춤으로 공포했고, 이후 40년간 단손은 사회적 또는 정치적 모임에 빠지지 않고 포함됐다. 단손은 남녀가 우아하게 손을 잡고 춤을 추는 유럽 분위기의 무도 음악이지만, 사실 음악적으로는 아프리카 음악의 특징인 당김음(싱커페이션)을 사용하는 등 쿠바적 색채를 띤다. 단손에서 파생된 음악이 하바네라, 차차차, 맘보 등이다.

사탕수수와 담배 재배를 위해 에스파냐와 아프리카에서 모여든 사람들이 인종 간의 혼혈과 문화의 융합을 이루어 유럽의 것도, 아프리카의 것도 아닌 새로운 음악 양식이 탄생한 것이다. 이를 쿠바의 민속학자 페르난도 오르티스Fenando Ortiz는 '설탕과 담배의 인터플레이'로 정의한다. 인터플레이interplay란 재즈 연주자 상호 간에 펼쳐지는 '음악적 교감'을 뜻한다. 이처럼 쿠바의 음악은 서유럽 음악과 아프리카 음악의 융합으로 인한 시너지의 결과라고 볼 수 있다. 그러나 쿠바를 여행한 사람이라면 쿠바 음악이 발전한 가장 큰 원동력은 쿠바인의 삶에 나타나는 낙천적 기질과 현실적 행복에 대한 염원임을 느낄 수 있을 것이다.

3. 누에바 트로바 운동

1959년 쿠바 혁명은 라틴아메리카 전역에 걸쳐 민족주의 정신을 강하게 고양하며 새로운 문화 운동의 기폭제가 됐다. 아르헨티나와 칠레를 중심으로 누에바 칸시온 운동이 일어나 라틴아메리카 주변국으로 퍼져나갔듯이, 혁명 이후 쿠바에서도 누에바 칸시온과 비슷한 형태의 누에바 트로바 운동이 일어났다.

'트로바'란 노래를 부르기 위해 쓴 시를 의미한다. 11세기 프랑스 프로방스 지방에서 시작해 프랑스의 트루바두르, 이탈리아의 트로바토레, 독일의 마이스터징거와 같이 각지를 떠돌며 다른 지방의 소식을 전하고 사랑의 노래를 불렀던 음유 시인이 쓴 시가 바로 트로바다. 이런 중세 유럽의 전통이 쿠바에도 전해져 산티아고 데 쿠바를 중심으로 전통 트로바 계승자가 19세기를 거쳐 20세기까지 존재했다.

카페나 식당, 거리 등에서 연주자를 쉽게 만날 수 있다.

트로바의 시적 전통은 에스파냐에 대항하며 쿠바인으로서 민족적 자각에 눈을 뜨면서 시작됐다. 에스파냐에서 벗어나기 위한 독립 전쟁이 시작되면서 쿠바를 여성으로 의인화해 사랑을 표현하는 경향이 많았으며, 1925~1933년 악명 높은 마차도Gerardo Machado 독재 정부 시절에는 저항의 시와 노래가 나타났다. 아프리카 리듬에 기초한 다양한 춤곡이 발전한 쿠바에서 전통적인 트로바에 의해 쿠바의 서정적 음악 전통이 유지될 수 있었다.

혁명 후에 나타난 누에바 트로바 운동은 전통을 중시하고 민족적 자부심과 민중을 대변하며 애국심을 고취한다는 것에서 누에바 칸시온 운동과 비슷하지만, 혁명 정부의 지속적 후원에 의해 진행됐다는 점에서는 큰 차이가 있다. 정부의 적극적 지원 아래 1969년 쿠바의 작곡가이자 기타리스트인 레오 브라우어Leo Brouwer가 감독을 맡았던 '쿠바영화예술산업연구소(ICAIC)'를 중심으로 클래식, 트로바, 재즈 등 다양한 음악에 재능 있는 인재가 모여 수많은 공동 작업을 통해 새로운 형태의 음악을 탄생시켰는데, 이것이 누에바 트로바다. 누에바 트로바는 혁명 이전 미국식 상업주의 음악의 영향력에서 벗어나 쿠바인으로서 정체성을 가지고 혁명을 통해 새롭게 건설되는 사회의 이상 실현에 대한 기대와 믿음을 노래했다.

▒ 부에나 비스타 소셜 클럽 ▒

부에나 비스타 소셜 클럽Buena Vista Social Club은 1930~1940년대 쿠바 음악의 전성기에 쿠바의 수도 아바나 동부에 있던 고급 사교 클럽의 이름이다. 에스파냐에서 독립한 이후 이어진 미 군정기 동안 미국은 쿠바인의 거센 반발에도 정치·경제적으로 쿠바에 간섭했다. 1902년 쿠바는 완전한 독립을 이루지만, 쿠바의 지도자는 여전히 미국의 입맛에 맞춘 정책을 추진했다.

1920년대 미국에서 금주법이 시행되면서 미국의 마피아와 부르주아가 쿠바로 넘어와 쿠바 농장의 3분의 2를 미국 회사가 소유하게 됐다. 관세 등의 이유로 쿠바의 제조업은 도태됐고, 쿠바는 미국인을 위한 카지노와 카바레 등 향락과 관광의 나라로 전락했다. 당시 아바나에는 미국인을 위한 카바레, 사교 클럽이 활황을 이루었고, 하바네라·살사·차차차·맘보 등 라틴 댄스가 성행했으며, 또 이를 위한 연주자도 넘쳐났다. 그러나 1959년 쿠바가 혁명에 성공하면서 이 클럽에서 연주를 하던 연주자들은 음악에서 멀어져 구두닦이나 노동자로 살아야 했다.

쿠바 혁명 후 40년 가까이 지난 1995년, 월드 서킷 레코드World Circuit Records의 프로듀서 닉 골드Nick Gold와 라이 쿠더Ry Cooder는 혁명 이후 오랜 시간 동안 음악과 떨어져 살았던 클럽 연주자를 찾아내 6일 만에 라이브로 녹음을 완성했다. 그리고 1940년대 그들이 활동하던 클럽의 이름을 붙여 《부에나 비스타 소셜 클럽》이라는 앨범을 발매하고, 이 녹음의 진행 과정 등을 다큐멘터리로 제작했다. 이 작업은 손과 라틴 재즈의 새로운 열풍을 일으키는데, 녹음 당시 이들의 평균 나이는 70세가 넘었고, 〈찬찬Chan Chan〉을 부른 콤파이 세군도Compay Segundo는 아흔이 넘은 나이였다.

쿠바가
바뀌고 있다?

쿠바는 1959년 혁명 이후 소련과 긴밀한 관계를 형성했으며, 사회주의 정권의 수립을 발표했다. 미국의 강한 제재하에서도 쿠바는 소련에 의지해 버틸 수 있었다. 그러나 1990년 냉전이 종식되고 구소련으로부터 정치·경제적 지원을 받을 수 없게 된 쿠바는 반복적인 경제 위기, 불평등과 부패 등 다양한 문제에 직면했다.

1990년대 초반 피델 카스트로는 쿠바의 생존을 위해 '특별 시기Período especial'를 선언하고 달러 사용 허용, 외국인 투자 허용 등 부분적인 개방 정책을 추진하기 시작했다. 또한 설탕과 같은 전통 분야 외에 관광, 바이오테크놀로지 등 새로운 분야를 촉진하고 해외 자본을 유치하는 등의 개혁 프로그램을 제시했다.

2008년 장기 집권했던 피델 카스트로가 물러나고, 그의 동생 라울 카스트로가 국가 평의회 의장으로 국가수반의 자리를 이어받았다. 라울 카스트로는 자영업 규제 완화, 차량 및 주택의 매매 허용 등 보다 다양한 개방 정책을 추진했다. 특히 라울 카스트로 집권 시기에는 미국과 관계가 일시적으로 회복되어 긍정적 분위기가 형성됐다.

2015년 7월 1일 미국의 오바마 대통령이 쿠바와 외교 관계 재수립을 선언했고, 곧 양국에 다시 대사관이 개설됐다. 관계 정상화를 진행하던 2015년 5월에는 미국이 쿠바를 테러 지원국 명단에서 제외했다. 2016년에는 양국 간 민간 항공 노선을 개통했고, 오바마 대통령이 쿠바를 직접 방문하면서 미국의 대쿠바 완화 정책이 추진됐다. 이로써 미국인의 쿠바 관광 증가 등 긍정적인 경제 효과를 기대할 수 있게 됐다. 그러나 2017년 미국에 트럼프 행정부가 등장하면서 양국의 관계는 180도 전환돼 다시 악화됐다.

2018년 4월 19일 미겔 디아스카넬Miguel Díaz-Canel이 국가 평의회의 새로운 의장으로 선출됐다. 그리고 쿠바는 1976년 이후 사라졌던 대통령 직을 부활시켰다. 2019년 10월 10일 미겔 디아스카넬 국가 평의회 의장이 대통령으로 선출됐고, 2021년에는 공산당 총서기(제1서기)에 선출됐다. 카스트로 형제의 장기 집권이 끝나고 혁명을 경험하지 않은 민간 지도자가 등장한 것이다.

그러나 디아스카넬 대통령 취임 얼마 후 코로나19가 유행하기 시작했다. 2020년 쿠바 정부는 코로나19 확산을 막기 위해 국경 폐쇄 조치를 단행했다. 그러나 이로 인해 주요국과의 무역도 급격히 감소했고, 주요 외화 수입원 중 하나인 관광 산업이 타격을 입었다. 경제가 어려워진 베네수엘라는 원유 공급을 축소했고, 미국의 트럼프 정권은 쿠바 제재를 강화했다. 2021년 1월 12일 미국은 다시 쿠바를 테러 지원국으로 지정하며 미국인의 쿠바 여행을 제한했다. 이는 쿠바의 관광 산업에 큰 타격을 입었다. 미국의 제재가 강해지면서 미국 내 쿠바인의 외환 송금 규모도 크게 줄어들었다. 극심한 생필품 부족, 잦은 정전, 의약품 부족 등 상황이 심각해지자 2021년 7월 쿠바 전역에서 시위가 벌어졌다. 정부는 재빠르고 강하게 진압했다. 시위 참가자를 무더기로 연행했고, 인터넷 접속을 몇 주간 제한했다. 결국 시위는 하루 만에 종료됐고 후속 시위도 이뤄지지 않았다. 그러나 혁명 정권에서 보기 힘들었던 시위가, 그것도 혁명 이후 가장 큰 규모로 일어나면서 쿠바의 경제가 얼마나 힘든지 전 세계에 알리는 사건이 됐다.

쿠바 정부는 일부 분야에서 생산 수단의 사유화 허용, 민간 기업 활동 허용 등의 정책을 추진하고 있다. 제한적이긴 하지만 개혁 개방 정책을 추진하는 것이다.

하지만 미국의 제재는 여전히 강력한 장애물이다. 2021년 바이든 대통령이 취임한 이후에도 미국과 쿠바의 관계는 크게 개선되지 않았다. 미국은 2021년 7월 쿠바에서 반정부 시위가 발생했을 때 쿠바 정부가 행한 폭력적 진압, 참여자 감금, 인터넷 차단 등의 조치를 인권 탄압으로 규정했다. 그러나 미국이 제재를 지속하는 동안 수많은 쿠바인은 점점 더 어려운 현실로 내몰리며 고통받고 있다.

라틴아메리카의 문턱이
낮아지길 바라며

나는 학부 시절 수강한 라틴아메리카 지역 관련 수업을 통해 라틴아메리카의 매력에 빠지게 됐고, 이후 라틴아메리카 지역 연구자의 길을 걷고 있다. 훌륭한 수업을 통해 나의 인생 진로를 바꿔주신 교수님들께 늘 감사한 마음을 갖고 있다. 최근에는 외국어학과에서 언어 외에도 해당 언어를 사용하는 '지역'에 대한 지식을 중요하게 생각해서 다양한 수업이 개설되고 있다. 덕분에 나도 정치, 경제, 문화 등 라틴아메리카에 관한 다양한 주제의 수업을 진행할 수 있었다.

수업의 목적에 따라 내가 중요하게 생각하는 주제뿐 아니라 학생이 원하는 주제도 다루기 위해 노력했다. 이를 위해 매 학기 첫 시간, 학생들이 라틴아메리카에 대해 어떤 것을 알고 있는지, 또 무엇을 알고 싶은지에 대해 설문조사를 실시하곤 했다.

'라틴아메리카' 하면 무엇이 떠오르는가?

—빈곤, 치안 불안, 부정부패, 열정, 탱고, 축구, 자연환경, 끈끈한 가족애…

학생들의 대답은 다양했고, 저마다 다른 관심과 기대를 갖고 수업에 참여하곤 했다. 최근 들어 라틴아메리카에 대한 대중의 관심이 증가하고 있다. 텔레비전 여행 프로그램이나 예능 프로그램에 라틴아메리카가 등장하는 것은 흔한 일이 됐고, 여행사는 앞다투어 라틴아메리카 여행 상품을 개발하고 있다. 비용도 만만치 않고 장기간 일정을 비우는 것이 쉽지 않을 텐데도 많은 사람이 라틴아메리카 여행을 선택한다.

라틴아메리카 지역 연구가로서 이 지역에 대한 대중의 관심이 증가하는 것은 무엇보다 설레는 일이다. "어떻게 라틴아메리카에 대한 대중의 관심을 지속할 수 있을까?", "어떻게 그 관심을 확장할 수 있을까?" 하고 고민하다가 아직 많이 부족하지만, 그동안 연구하고 강의한 내용을 모아 책을 써보기로 했다.

집필하기에 앞서 대상 국가를 정해야 했다. 학생이 수업 시간에 가장 많은 관심을 보인 국가는 어디였는지, 한국인이 선호하고 궁금해하는 라틴아메리카 국가는 어디인지, 그리고 치안 등을 고려했을 때 현실적으로 접근성이 높은 국가는 어디인지 등을 고려해서 멕시코, 페루, 칠레, 아르헨티나, 쿠바 5개국을 선정했다.

이 책의 주요 목적은 라틴아메리카 5개국의 역사와 문화를 중심으로 라틴아메리카의 매력을 소개하는 것이다. 수업 시간에 다뤘던 내용을 바탕으로 수차례 대상 국가를 오가며 보고 듣고 느낀 것 그리고 현지에서 사람들과 나눈 이야기를 바탕으로 내용을 구성했다. 대중은 큰 관심을 갖고 있지만 내가 다루기 어려웠던 문화예술 관련 주제는 서울시립대학교 전기홍 교수님의 도움을 받았다. 어린 사회과학자의 눈에는 보이지 않고 느껴지지 않는 것을 문화예술 전문가의 지식과 시선으로 풀어낼 수 있었다. 나의 아버지이기도 한 전기홍 교수님과 함께 여행하며 토론했던 내용은 다른 부분을 집필하는 데도 많은 도움이 됐다. 아버지께 사랑과 감사의 마음을 전한다.

생동감 있는 내용을 전하기 위해 현지를 방문한 후의 감상을 포함했지만, 이 책의 목적은 어디까지나 라틴아메리카에 대한 정보를 전달하는 것이다. 나아가 대학에서 에스파냐어(스페인어)나 라틴아메리카 지역학을 전공하고자 하는 학생의 입문서나 라틴아메리카에 관심이 있거나 여행을 준비하는 사람의 가이드 역할을 할 수 있을 것으로 기대한다.

가난하고 차별받는 와중에도 삶을 즐기는 사람들이 사는 곳, 위험한 사건도 많이 일어나지만 그만큼 진정으로 정을 베푸는 사람이 더 많은 곳, 그래서 절망적이지만 희망적이기도 한 곳. 이 아이러니함이 라틴아메리카의 매력이 아닐까?

사실 라틴아메리카의 매력은 너무도 다양해서 이를 한 권의 책에 담아낸다는 것은 불가능하다. 그럼에도 책의 제목을 『한 권으로 읽는 라틴아메리카 이야기』라고 정한 것은 독자들이 라틴아메리카라는 낯선 지역에 조금 더 쉽고 빠르게 접근할 수 있길 바라는 마음에서였다. '한 권'이라는 표현이 주는 무게만큼 신중하고 겸손하게 라틴아메리카를 소개해 보았다.

이 책이 라틴아메리카에 대한 또 다른 호기심과 관심으로 연결되고, 더 많은 사람이 라틴아메리카에 대해 이야기하는 날이 오길 바란다. 더 나아가 『한 권으로 읽는 라틴아메리카 이야기』를 통해 더 많은 라틴아메리카 국가의 매력에 대해 소개할 수 있는 날을 고대한다.

이 책은 앞서 진행된 수많은 연구의 도움을 받았다. 참고한 자료의 출처는 책의 말미에 정리했다. 단, 참고자료 속 저자의 주장이나 의견인 경우, 그 밖에 저자를 명시해야 할 필요가 있는 경우에는 본문에 괄호주로 남겨두었다. 선행 연구를 통해 이 책을 집필하는 데 도움을 주신 저자들께 깊은 감사를 드린다.

마지막으로 이 책이 완성될 수 있도록 지원과 격려를 아끼지 않은 상상출판의 유철상 대표님과 김정민 편집자님, 노세희 디자이너님에게 진심으로 감사드린다.

참고문헌

단행본

- SHO'w, 『이것이 진짜 축구다』, 살림출판사, 2006.
- 강준만, 『전쟁이 만든 나라, 미국』, 인물과 사상사, 2016.
- 구경모 외, 『춤추는 축구 Latin America』, 이담북스, 2011.
- 김기현·권기수, 『라틴아메리카 경제의 이해』(증보판), 한울, 2017.
- 김봉중, 『미국을 움직이는 네 가지 힘』, 위즈덤하우스, 2019.
- 김은중 외, 『디코딩 라틴아메리카』, 지식의 날개, 2018.
- 김현민, 『우리를 행복하게 하는 축구스타 28인』, 원앤원스타일, 2014.
- 김희순, 『라틴아메리카 지역의 이해』, 고려대학교출판문화원, 2019.
- 박정훈, 『역설과 반전의 대륙』, 개마고원, 2017.
- 박창학, 『라틴 소울』, 바다출판사, 2009.
- 백민석, 『어니스트 헤밍웨이』, arte, 2018.
- 벤자민 킨·키스 헤인즈 지음, 김원중·이성훈 옮김, 『라틴아메리카의 역사』(상), 그린비, 2014.
- 벤자민 킨·키스 헤인즈 지음, 김원중·이성훈 옮김, 『라틴아메리카의 역사』(하), 그린비, 2014.
- 서남준, 『월드뮤직』, 대원사, 2007.
- 송기도, 『콜럼버스에서 룰라까지』(개정판), 개마고원, 2003.
- 송병건, 『비주얼 경제사』, 아트북스, 2015.
- 숀 윌리엄 밀러 지음, 조성훈 옮김, 『오래된 신세계』, 너머북스, 2013.
- 우석균, 『바람의 노래 혁명의 노래』, 해나무, 2005.
- 유종선, 『미국사 다이제스트 100』, 가람기획, 2012.
- 유종순, 『노래, 세상을 바꾸다』, 목선재, 2015.
- 이강혁 『라틴아메리카역사 다이제스트 100』, 가람기획, 2008.
- 이보형, 『미국사 개설』, 일조각, 2018.
- 임상래 외, 『라틴아메리카의 어제와 오늘』, 이담북스(이담 Books), 2011.
- 장옥님, 『KBS FM월드뮤직』, 문학사상, 2005.
- 장혜영, 『라틴음악기행』, 천의무봉, 2016.
- 전용갑·신정환·황순양·박영미, 『라틴아메리카 역사 산책』, HUEBOOKs, 2018.
- 정경원·서경태·신정환, 『라틴아메리카 문화의 이해』, 학문사, 2000.
- 정혜주, 『멕시코시티: 아스테카 문명을 찾아서』, 살림, 2004.
- 조광환, 『음악과 함께 떠나는 세계의 혁명이야기』, 살림터, 2016.
- 천샤추오에 지음, 양성희 옮김, 『쿠바 잔혹의 역사 매혹의 문화』, 북돋움, 2011.
- 최명호, 『신화에서 역사로, 라틴아메리카』, 이른아침, 2010.
- 카를로스 푸엔테스, 『라틴아메리카의 역사』, 까치글방, 2015.
- 케네스 데이비스 지음, 이순호 옮김, 『미국에 대해 알아야 할 모든 것, 미국사』, 책과 함께, 2004.
- 토머스 E. 스키드모어·피터 H. 스미스·제임스 N. 그린 지음, 우석균·김동환 외 옮김, 『현대 라틴아메리카』, 그린비, 2014.
- 한상봉, 『빅토르 하라, 누에바 칸시온의 혁명적 순교자』, 가톨릭 일꾼, 2020.

- Brown, J. C., *A Brief History of Argentina* (2nd ed), Facts On File, 2010.
- Cardoso, E. A. & Helwege, A., *Latin America's economy: Diversity, trends, and conflicts*, Mit Press, 1995.
- Cuba Gutiérrez, C.D., Víctor García (trans.), *Machupicchu in Inka History*, Gráfica Press, 2007.
- Millar, W. *Historia Ilustrada de Chile*. 1998. Zig-Zag.
- Pandey, A. et al.(Eds.), *Current developments in biotechnology and bioengineering: Food and beverages industry*, Elsevier, 2016.
- Reyes, J. A., & Sawyer, W. C., *Latin American economic development*, Routledge, 2019.
- Thompson, J. E. S., Historia y religión de los mayas (Vol. 7). Siglo xxi, 2014.

논문

- 강석영, 〈페루의 역사〉, 《라틴아메리카연구》 3(1), 1990.
- 강성식, 〈'정복' 및 식민통치기 안데스인의 눈에 비친 가톨릭〉, 《중남미연구》 35(1), 2016.
- 곽재성, 〈역사 속의 쿠데타: 칠레 피노체트 쿠데타의 성격과 특징〉, 《서양사연구》 45, 2011.
- 곽재성, 〈중남미 국가의 민주화 이행과정과 과제: 칠레의 민주주의-피노체트의 정치적 유산과 민주화 과정〉, 《기억과 전망》 6, 2004.
- 김기수·임수진, 〈태평양 전쟁(War of the Pacific)과 남미 삼국의 영토분쟁〉, 《군사연구》 136, 2013.
- 김민욱, 〈미국의 대쿠바·이란 제재의 사례를 통해 본 대북제재의 전망〉, 《統一과 法律》 30, 2017.
- 김석수, 〈1978년 아르헨티나 월드컵: 군사적 민족주의, 축구 본질주의, 그리고 축구의 이중성〉, 《글로벌정치연구》 1(2), 2008.
- 김유경, 〈페루 대통령 탄핵의 양가성〉, 《세계지역연구논총》 40(1), 2022.
- 김태중, 〈멕시코 가톨릭교회의 원주민 토착화: 혼합주의(Sincretismo)의 전형, 과달루페 성모숭배〉, 《중남미연구》 26(1), 2007.
- 남영우, 〈메소아메리카 테오티우아칸의 기원(起源)과 성쇠(盛衰)〉, 《한국도시지리학회지》 10(1), 2007.
- 남영우, 〈잉카 제국과 고대도시 마추픽추의 성회〉, 《한국도시지리학회지》 12(2), 2009.
- 노용석, 〈말비나스 영유권 분쟁의 역사와 현황: 탈식민주의를 중심으로〉, 《이베로아메리카》 14(1), 2012.
- 박구병, 〈'눈까 마스'와 '침묵협정' 사이: 심판대에 선 아르헨티나 군부의 '더러운 전쟁'〉, 《라틴아메리카연구》 18(2), 2005.
- 박구병, 〈라틴아메리카 포퓰리즘의 세 가지 유형과 민주주의의 연관성〉, 《역사비평》 120, 2017.
- 박구병, 〈아옌데, '좁은 길'로 간 칠레의 사회주의자〉, 《내일을 여는 역사》 30, 2007.
- 박소영, 〈군부 독재 시기 칠레의 행동주의 미술: 카다(CADA, Colectivo de Acciones de Arte)를 중심으로〉, 《서양미술사학회논문집》 50, 2019.
- 박윤주, 〈2019년 칠레의 사회 변혁 요구 시위와 불만의 의미 구성 과정〉, 《이베로아메리카》 24(1), 2022.
- 박윤주, 〈페루 아시아계 이주민의 정치적 성공과 인종 갈등: 후지모리 사례를 중심으로〉, 《중남미연구》 30(1), 2011.
- 박종욱, 〈의례로서 '죽은 자들의 날'의 사회문

화적 이미지 분석〉, 《코기토》 69, 2011.

• 서성철, 〈사회적 소수자로서의 아프로·아르헨티나인〉, 《라틴아메리카연구》 27(2), 2014.

• 송상기, 〈과달루페 성모의 사례를 통해 본 중남미 식민지시대 바로크의 현재성과 정치적 함의〉, 《바로크연구》 4, 2021.

• 송영복, 〈라틴아메리카 사회구조의 출발점: 1492, 열등한 원주민 대 우월한 유럽인-식민지시대의 누에바 에스빠냐(Nueva España) 사료를 중심으로-〉, 《라틴아메리카연구》 18(1), 2005.

• 신범철·이의영, 〈팬데믹 위기에서 쿠바의 개혁개방 정책과 변화: 대북 시사점〉, 《국제지역연구》 25(4), 2021.

• 우석균, 〈칠레 2019: 피노체트의 유령을 탄핵하다〉, 《라틴아메리카이슈》, 2020.

• 원동훈, 〈쿠바 음악의 인류사적 의미와 미래문화적 대안성〉, 《음악과 문화》 15, 2006.

• 유왕무, 〈라틴아메리카의 축구와 사회〉, 《라틴아메리카연구》 14(1), 2001.

• 이상현·박윤주, 〈라틴아메리카 좌파 정치의 부상과 퇴조의 원인: 라틴아메리카적 특성을 중심으로〉, 《경제와 사회》 112, 2016.

• 이성형, 〈멕시코 벽화운동의 정치적 의미: 리베라, 오로스코, 시케이로스의 비교분석〉, 《국제지역연구》 11(2), 2002.

• 이성형, 〈축구의 세계화, 그리고 정체성의 정치〉, 《이베로아메리카연구》 17, 2006.

• 이종득, 〈꽃의 전쟁(xochiyaoyotl)과 인신공양〉, 《중남미연구》 35(1), 2016.

• 이종득, 〈아즈텍제국의 인신공양〉, 《인문과학연구》 8, 2003.

• 임상래, 〈미국-멕시코 전쟁의 이해: 간과된 성격들과 멕시코사적 의의를 중심으로〉, 《라틴아메리카연구》 24(3), 2011.

• 임수진, 〈미식국가 페루의 공동체 통합과 발전〉, 《한국과 국제사회》 5(6), 2021.

• 장수환, 〈18세기 후반 20세기 초, 쿠바에서 나타난 설탕산업 확대와 자연경관 변화〉, 《이베로아메리카연구》 33(2), 2022.

• 장수환, 〈아스떼까 시대 농업과 물 관리를 통해 본 취약성과 적응〉, 《중남미연구》 39(3), 2020.

• 정금희, 〈디에고 리베라의 벽화에 나타난 정치성〉, 《민주주의와 인권》 11(3), 2011.

• 정승희, 〈남아메리카의 마뿌체 원주민〉, 《대한토목학회지》 57(8), 2009.

• 정승희, 〈안데스의 원주민 문화〉, 《대한토목학회지》 57(5), 2009.

• 정승희, 〈칠레 와인 이야기〉, 《대한토목학회지》 57(3), 2009.

• 정혜주, 〈공놀이에 나타난 '단두의례'의 의미 - 치첸이쯔아(Chichen Itza)와 이사빠(Izapa)를 중심으로-〉, 《민속학연구》 31, 2012.

• 정혜주, 〈스페인어권 문학 및 지역학: 고전기 마야문명 공놀이의 주인공들〉, 《스페인어문학》 59, 2011.

• 조구호, 〈사르미엔또의 《파꾼도》에 나타난 '가우초'의 의미〉, 《중남미연구》 32(1), 2013.

• 조영실, 〈독립 후 아르헨티나공화국의 수립과정 연구: 연방파와 통합파의 갈등을 중심으로〉, 《이베로아메리카》 13(1), 2011.

• 주정헌·홍상훈, 〈인공위성 영상레이더를 이용한 멕시코시티 시계열 지반침하 관측〉, 《대한원격탐사학회지》 37(6), 2021.

• 주종택, 〈쿠바의 관광산업과 감정노동, 그리고 친밀성의 경제〉, 《라틴아메리카연구》, 30(4), 2017.

• 황수현, 〈비올레타 파라(Violeta Parra) 노래시의 파토스〉, 《세계문학비교연구》 76, 2021.

• Ardren, T., "Empowered Children in Classic Maya Sacrificial Rites", *Childhood in the*

Past 4(1), 2011.

- Compte, L. C., "Arte mariano en Latinoamérica: La iconografía religiosa como mecanismo de control y sello de identidad durante la Conquista", *Cuadernos del Centro de Estudios en Diseño y Comunicación. Ensayos* 92, 2020.
- Dellacassa, E. et al., "Yerba mate. Historia, uso y propiedades", *Revista de la Asociación de Química y Farmacia del Uruguay* 51, 2007.
- Díaz Suárez, C. M., *Hilario Mendivil: tradiciones y aportes a la imaginería religiosa popular*, Tesis para optar el Título Profesional de Licenciada en Arte, Universidad Nacional Mayor de San Marcos, Lima, Perú, 2013.
- Lacoste, P., Jiménez, D., Castro, A., Rendón, B., & Soto, N., "A bi-national appellation of origin: Pisco in Chile and Peru", *Chilean journal of agricultural research* 73(4), 2020.8.25.
- Matta, R., "Food for social change in Peru: Narrative and performance of the culinary nation", *The Sociological Review* 69(3), 2021.
- Mitchell, J. T., & Terry, W. C., "Contesting pisco: Chile, Peru, and the politics of trade", *Geographical Review* 101(4), 2011.
- Nunn, N., & Qian, N., "The Columbian exchange: A history of disease, food, and ideas", *Journal of Economic Perspectives* 24(2), 2010.
- Takenaka, A., "The Japanese in Peru: History of immigration, settlement, and racialization", *Latin American Perspectives* 31(3), 2004.
- Torres, Z. W., & Guzmán, L. E. S. (2012). *Quipu: Nudos numéricos y parlantes. Quipukamayoc*, 12(24), 33-38.
- Trumper, C., "The politics of the street: Street art, public writing and the history of political contest in Chile", *Radical Americas* 6(1), 2021.
- Zendt, C., "Marcos Zapata's Last Supper: A Feast of European Religion and Andean Culture", *Gastronomica* 10(4), 2010.

기타

- 과달루페 외방선교회, 〈발현 이야기〉. http://mgkoreaseoul.com/?page_id=43.
- 곽재성, 〈쿠바, 국제정세의 소용돌이 속으로〉. *EMERiCs*. 2022.7.12. https://www.kiep.go.kr/aif/issueDetail.es?brdctsNo=333142&mid=a10200000000&&se
- 권순욱, 〈격화되는 페루 반정부 시위, 민주주의는 안녕하신가요?〉, 《뉴스토마토》, 2023.3.2. http://www.newstomato.com/ReadNews.aspx?no=1179412&inflow=N.
- 김민성, 〈페루, 사가스티 임시 대통령 취임으로 경제 회복 지속〉, 《KOTRA 해외시장뉴스》, 2020.11.30. https://dream.kotra.or.kr/kotranews/cms/news/actionKotraBoardDetail.do?SITE_NO=3&MENU_ID=80&CONTENTS_NO=2&bbsGbn=242&bbsSn=242&pNttSn=186149.
- 김지헌, 〈쿠바의 헤밍웨이 ① 헤밍웨이를 기억하라 … 쿠바 최고 관광상품〉, 《연합신문》, 2016.5.11. https://www.yna.co.kr/view/AKR20160509025900009.

• 김지헌, 〈쿠바의 헤밍웨이 ② 헤밍웨이는 정말 술집 보데기타에 갔을까〉, 《연합신문》, 2016.5.11. https://www.yna.co.kr/view/AKR2016050902640009?site=mapping_related.

• 김지헌, 〈쿠바의 헤밍웨이 ③ 『누구를 위하여 종은 울리나』 쓴 호텔은 … '순례 코스'〉, 《연합신문》, 2016.5.11. https://www.yna.co.kr/view/AKR20160509026500009.

• 루시아노 다미안 볼리나가 지음, 김용호 옮김, 〈말비나스와 영토보전의 원칙〉 《트랜스라틴》 25, 2013.

• 박병규 옮김, 〈플래트 수정안(1901)〉, 《트랜스라틴》 18, 2011.

• 박병규, 〈관타나메라와 관타나모〉, 《트랜스라틴》 6, 2009.

• 박차영, 〈아즈텍의 저주 … '물 부족' 멕시코시티〉, 《아틀라스》, 2020.7.6. http://www.atlasnews.co.kr/news/articleView.html?idxno=2362.

• 박희숙, 〈멕시코 벽화의 탄생〉, The Science Times, 2012.10.18. https://www.sciencetimes.co.kr/news/%EB%A9%95%EC%8B%9C%EC%BD%94-%EB%B2%BD%ED%99%94%EC%9D%98-%ED%83%84%EC%83%9D/.

• 손미호, 〈자칭 '입양 쿠바인' … 헤밍웨이가 사랑했던 바로 그 칵테일〉, 《중앙일보》, 2021.8.28. https://www.joongang.co.kr/article/25002245#home.

• 안미영, 〈칠레 고급 와인의 현재를 보다, 에두아르도 채드윅 회장과의 만남〉(인터뷰), Wine21.com, 2019.11.1. https://www.wine21.com/11_news/news_view.html?Idx=17424.

• 안태환, 〈페론주의의 다양한 맥락〉, Redian, 2016.1.21. http://www.redian.org/archive/96350.

• 우석균, 〈메르세데스 소사, 떠나간 인류의 목소리〉, 《트랜스라틴》 10, 2009.

• 원주민 정보 제공자, 박구병 해제 및 옮김, 〈아스테카의 '다섯 번째 태양' 신화〉, 《트랜스라틴》 24, 2013.

• 유네스코, 〈에르네스토 체 게바라의 삶과 작품: 청소년기·청년기의 육필 원고에서부터 볼리비아 전투 일기까지' 기록물 컬렉션〉. https://heritage.unesco.or.kr/%EC%97%90%EB%A5%B4%EB%84%A4%EC%8A%A4%ED%86%A0-%EC%B2%B4-%EA%B2%8C%EB%B0%94%EB%9D%BC%EC%9D%98-%EC%82%B6%EA%B3%BC-%EC%9E%91%ED%92%88-%EC%B2%AD%EC%86%8C%EB%85%84%EA%B8%B0%C2%B7%EC%B2%AD.

• 유네스코, 〈쿠바의 룸바, 음악과 춤의 흥겨운 결합 그리고 관련된 풍습들〉, https://heritage.unesco.or.kr/%EC%BF%A0%EB%B0%94%EC%9D%98-%EB%A3%B8EB%B0%94-%EC%9D%8C%EC%95%85%EA%B3%BC-%EC%B6%A4%EC%9D%98-%ED%9D%A5%EA%B2%A8%EC%9A%B4-%EA%B2%B0%ED%95%A9-%EA%B7%B8%EB%A6%AC%EA%B3%A0-%EA%B4%80%EB%A0%A8EB%90%9C.

• 유네스코, 〈탱고〉. https://heritage.unesco.or.kr/%ED%83%B1%EA%B3%A0.

• 이정훈, 〈2021년 미국-쿠바 간 양자관계 동향〉, 《KOTRA 해외시장뉴스》, 2021.2.24. https://dream.kotra.or.kr/kotranews/cms/news/actionKotraBoardDetail.do?SITE_NO=3&MENU_ID=80&CONTENTS_NO=2&b

bsGbn=242&bbsSn=242&pNttSn=193247.

- 이정훈, 〈쿠바 반정부시위 1년, 극단적 경제상황은 여전히 지속〉, 《KOTRA 해외시장뉴스》, 2022.7.18. https://dream.kotra.or.kr/kotranews/cms/news/actionKotraBoardDetail.do?MENU_ID=70&pNttSn=195545.
- 정승희, 〈누에바 칸시온의 전개와 단절, 그 이후 이야기〉, 《트랜스라틴》 10, 2009.
- 정승희, 〈쿠바 음유시의 진화: 전통 트로바에서 누에바 트로바까지〉, 《트랜스라틴》 6, 2009.
- 주 멕시코 대사관, 〈2023년도 쿠바 정세 전망〉, 《주멕시코 대한민국 대사관》, 2023.2.14.
- 진 프랑코 지음, 조혜진 옮김, 〈냉전 이후 체 게바라의 망령이 남긴 것〉, 《트랜스라틴》 14, 2010.
- https://overseas.mofa.go.kr/mx-ko/brd/m_20176/view.do?seq=1319226.
- 한국민족문화백과사전, 〈망자의 날〉. https://encykorea.aks.ac.kr/Article/E0072854.
- 한국소비자원, 〈수입 와인 가격 및 유통실태 조사〉, 2021.
- Ahramonline, Argentina and football: five keys to a national passion, 2022.12.16. https://english.ahram.org.eg/News/482732.aspx#:~:text=Football%20in%20Argentina%20is%20more,researcher%20Juan%20Branz%20told%20AFP.
- Artistas Visuales Chilenos. Grupo Signo. https://www.artistasvisualeschilenos.cl/658/w3-article-45597.html
- Buenos Aires English High School, Historia. https://baehs.com.ar/institucion/historia.
- El Conocedor, Tequila Olmeca celebró su 50 aniversario, 2018.2.23. https://revistaelconocedor.com/tequila-olmeca-celebro-50-aniversario/#:~:text=El%20concepto%20de%20la%20marca,1997%2C%20se%20construy%C3%B3%20la%20destiler%C3%ADa.
- European Parliamentary Research Service, Political turmoil in Peru, 2023.
- Houda Lazrak, The Writings on the City's Walls: Street Art and Graffiti in Santiago, Chile in a Time of Social Revolution, *Street Art NYC*, 2020.2.17. https://streetartnyc.org/blog/2020/02/17/the-writings-on-the-citys-walls-street-art-and-graffiti-in-santiago-chile-in-a-time-of-social-revolution.
- Instituto Nacional de la Yerba Mate, ¿Por qué los argentinos tomamos mate?, 2020.8.25. https://inym.org.ar/noticias/78269-por-que-los-argentinos-tomamos-mate.html.
- Louis Thomas, Where does Pisco come from?, *The drinks business*, 2023.2.03. https://www.thedrinksbusiness.com/2023/02/where-does-pisco-come-from.
- Machu Travel Peru, WHY IS PERU ONE OF THE WORLD'S TOP GASTRONOMY COUNTRIES?, *Machu Travel Peru*, 2022.12.29. https://www.machutravelperu.com/blog/peruvian-gastronomy.
- Marcos González Díaz., No Volverá a poblarse jamás: los 5 años en los que Ciudad de México 'desapareció', *BBC News Mundo en México*, 2021.5.15. https://www.bbc.com/mundo/

noticias-57095125.

- Marine Hunter, The world's 50 best restaurants for 2023 revealed, *CNN*, 2023.6.21. https://edition.cnn.com/travel/worlds-50-best-restaurants-2023/index.html.

- Mate Mundo, Leyendas indias sobre los orígenes de la yerba mate, una bebida de dioses antiguos, 2022.4.29. https://www.matemundo.es/Leyendas-indias-sobre-los-origenes-de-la-yerba-mate-una-bebida-de-dioses-antiguos-blog-spa-1652262399.html#:~:text=Otra%20leyenda%20dice%20que%20la,que%20caminaban%20por%20el%20suelo.

- Momoriachilen Brigadas Ramona Parra (BRP). https://www.memoriachilena.gob.cl/602/w3-article-100581.html

- Momoriachilena, La vía democrática al socialism-Salvador Allende Gossens(1908~1973). https://www.memoriachilena.gob.cl/602/w3-article-799.html.

- Per and Britt Karlsson, Wine Production In The World In 2020, A Detailed Look, *Forbes*, 2021.12.30. https://www.forbes.com/sites/karlsson/2021/12/30/wine-production-in-the-world-in-2020-a-detailed-look/?sh=1cca4b8d64a0.

- Pablo Orellana. Ocho teorías de por qué Chile se llama Chile. Soychile., 2016.09.13. https://www.soychile.cl/Santiago/Sociedad/2016/09/14/417837/Ocho-teorias-de-por-que-Chile-se-llama-Chile.aspx

- Peru. https://peru.info/es-pe/marca-peru/acerca-de.

- The Crafty Cask, Peruvian Pisco vs. Chilean Pisco: The Rivalry Continues. https://thecraftycask.com/craft-spirits-liqueurs/pisco-rivalry/

- The Pisco People, History of Peru. https://thepiscopeople.com.au/history-of-pisco.

- The Wine Diplomats, Chilean Wine History. https://winediplomats.com/chilean-wine-overview/chilean-wine-history.

- VADB. Grupo Signo. https://vadb.org/institutions/grupo-signo

- Wine Folly, Wine Regions Chile. https://winefolly.com/wine-regions/chile.

- Yerba Mate Argentina, ¿Cuáles son sus propiedades?. https://yerbamateargentina.org.ar/es/cuales-son-sus-propiedades.html.

한 권으로 읽는 라틴아메리카 이야기

사진 출처

1 https://commons.wikimedia.org/wiki/
File:Cabeza_Colosal_n%C2%BA1_del_
Museo_Xalapa.jpg

2 https://commons.wikimedia.org/wiki/
File:Coat_of_arms_of_Mexico.svg

3 https://commons.wikimedia.org/wiki/
File:Cacaxtla1.jpg

4 https://commons.wikimedia.org/wiki/
File:Posada2.Catrina.jpeg

5 https://commons.wikimedia.org/wiki/
File:The_Kid_-_Diego_Rivera.jpg

6 https://commons.wikimedia.org/
wiki/File:Quipo_in_the_Museo_Machu_
Picchu,_Casa_Concha,_Cusco.jpg

7 https://commons.wikimedia.org/
wiki/File:PMa_BOL_107_Potosi.
jpg?uselang=ko

8 https://commons.wikimedia.org/wiki/
File:Marcos_Zapata.jpg?uselang=ko

9 https://commons.wikimedia.org/
wiki/File:Plaza_de_Armas,_Cusco,_
Per%C3%BA,_2015-07-31,_DD_53-56_
PAN.jpg

10 https://commons.wikimedia.org/wiki/
File:Milano_-_Castello_Sforzesco_0232.
JPG

11 https://commons.wikimedia.org/wiki/
File:Amerindian_man_playing_the_Inca_
flute.png

12 https://commons.wikimedia.org/
wiki/File:Atahualpa_Yupanqui_en_
Cosqu%C3%ADn.jpg

13 https://commons.wikimedia.org/wiki/
File:Parra01f.PNG

14 https://commons.wikimedia.org/wiki/
File:Salvador_Allende_y_Pablo_Neruda.
jpg

15 https://commons.wikimedia.org/wiki/
File:NO%2BPinochet.jpg

16 https://commons.wikimedia.org/wiki/
File:Mercedessosa.jpg

17 https://commons.wikimedia.org/wiki/
File:Funeral_de_Mercedes_Sosa_2.jpg

18 https://commons.wikimedia.org/wiki/
File:Gardel_con_guitarra.jpg

19 https://commons.wikimedia.org/wiki/
File:Piazzolla_tocando.jpg

20 https://commons.wikimedia.org/wiki/
File:Musikinstrumenten-Museum_
Berlin_-_Bandoneon_-_1108037.jpg

21 https://commons.wikimedia.org/wiki/
File:2009_01_20_-_0657_-_Washington_
DC_-_Guantanamo_Protesters_(321962
2904).jpg

22 https://commons.wikimedia.org/wiki/
File:CheHigh.jpg

23 https://commons.wikimedia.org/wiki/
File:Statue_of_Hemingway_at_Floridita.
jpg

24 https://commons.wikimedia.org/wiki/
File:Flor_de_Cuba.jpg

한 권으로 읽는
라틴아메리카
이야기

초판 1쇄 | 2024년 1월 29일

지은이 | 전주람

발행인 | 유철상
책임편집 | 김정민
편집 | 안여진
디자인 | 노세희, 주인지
마케팅 | 조종삼, 김소희
콘텐츠 | 강한나

펴낸곳 | 상상출판
출판등록 | 2009년 9월 22일(제305-2010-02호)
주소 | 서울특별시 성동구 뚝섬로17가길 48, 성수에이원센터 1205호(성수동2가)
전화 | 02-963-9891(편집), 070-7727-6853(마케팅)
팩스 | 02-963-9892
전자우편 | sangsang9892@gmail.com
홈페이지 | www.esangsang.co.kr
블로그 | blog.naver.com/sangsang_pub
인쇄 | 다라니
종이 | ㈜월드페이퍼

ISBN 979-11-6782-186-7(03950)